PIERROT RASCHDORFF

SCHWARZ. ROT. WIR.

WIE VIELFALT UNS REICHER MACHT.

mosaik

Penguin Random House Verlagsgruppe FSC® N001967

1. Auflage
Originalausgabe September 2022
Copyright © 2022: Mosaik Verlag, München,
in der Penguin Random House Verlagsgruppe GmbH,
Neumarkter Str. 28, 81673 München
Umschlag: Sabine Kwauka
Umschlagmotiv: © Axel Martens
Redaktion und Sensitivity Reading: Chantal-Fleur Sandjon
Satz: Satzwerk Huber, Germering
Druck und Bindung: CPI books GmbH, Leck
Printed in the EU
GS · IH
ISBN 978-3-442-39398-5
www.mosaik-verlag.de

Für Malia Adriana

Inhalt

EINLEITUNG.

Dies ist kein weiteres Buch über Rassismus. Das war mir bereits zu Beginn der Arbeit an diesem Buch wichtig. Es gibt zahlreiche großartige Autor*innen, die das Thema Rassismus in Deutschland bereits umfassend ausführen und beleuchten. Sie haben die wichtige Vorarbeit geleistet, auf der ich mit *Schwarz. Rot. Wir.* nun aufbauen möchte. Aber wer sich mit Vielfalt (in der Debatte wird oft der englische Begriff Diversity benutzt) beschäftigt, der beschäftigt sich zwangsläufig auch mit Diskriminierung. Der Schreibprozess und die Arbeit an diesem Buch haben mir erneut verdeutlicht, wie nah das Thema Rassismus und mein Thema Vielfalt oder Diversity beieinanderliegen. Wie soll es auch anders sein? Der Begriff Diversity ist vielen Menschen aus dem beruflichen Kontext bekannt, aber er geht weit darüber hinaus und behandelt die Frage, wie Organisationen und Unternehmen, aber eben auch wir als Individuen in unserer Gesellschaft Vielfalt fördern können. Das setzt den Abbau von Barrieren und von Diskriminierung voraus und baut damit eine direkte Brücke zurück zum Thema Rassismus.

Des Weiteren hat sich gerade im Arbeitskontext der Begriff erweitert, und neue Themenfelder sind hinzugekommen, nämlich Chancengerechtigkeit, Zugehörigkeit, Wertschätzung und Anerkennung. Es dreht sich dabei oftmals um die Frage, wie Wertschätzung in Organisationen vermittelt wird, und darum, ein Gefühl der Zugehörigkeit aller Menschen in einer Gemeinschaft zu entwickeln.

> Diversity = engl für Vielfalt. Sichtbare und unsichtbare Merkmale, die individuelle Sichtweisen, Perspektiven, Einstellungen und damit das Handeln von Menschen beeinflussen.[1]

Zusammengefasst spricht man in der Diversity-Debatte daher von »Diversity, Equity und Inclusion (DEI)«. Diese Begrifflichkeiten, die vielleicht ein wenig sperrig und technisch daherkommen, lassen sich leicht aus dem beruflichen Kontext herauslösen, da sie alle Bereiche und Themen des gemeinschaftlichen Lebens berühren. Schließlich wollen wir einander nicht nur bei der Arbeit ohne Diskriminierung, mit Chancengleichheit und einem wertschätzenden Umgang begegnen.

> Diversity, Equity und Inclusion (DEI) = engl. für Vielfalt, Gleichstellung und Inklusion. Gemeint ist, dass die gesamte Bandbreite der Vielfaltsdimensionen eines Menschen betrachtet wird, alle Menschen die gleichen Lebenschancen haben sollten und Barrieren abgebaut werden, um eine gleichberechtigte Teilhabe aller zu ermöglichen.

Auch die Diskussionen über Cancel Culture, kulturelle Aneignung, Identitätspolitik etc. sind mittlerweile vielen bekannt. Es sind alles Themen, die in die große Debatte über Diversity mit einfließen und hier in diesem Buch noch näher erklärt und diskutiert werden sollen. Diversity ist zusammengefasst ein gesellschaftliches Thema, das uns alle immer wieder betrifft – gerade in einer Zeit, in der wir zunehmend von einer gespaltenen Gesellschaft in Deutschland sprechen. Dies gilt nicht nur für Deutschland, sondern für einige westliche Länder.

Was wir sehen.

Den Begriff der Spaltung möchte ich hier nicht diskutieren, denn das braucht es an dieser Stelle nicht. Viel wichtiger ist, dass viele Menschen in Deutschland eine Spaltung fühlen, ganz gleich ob sie faktisch da ist. Dies wird gern daran festgemacht, dass sich Diskurse verengt haben, oder am Gefühl, dieses oder jenes nicht mehr an- oder aussprechen zu können. Vor allem innerhalb der Diversity-Debatte taucht diese Angst vermehrt auf. Jede*r kennt heute den Satz: »Darf man das überhaupt noch sagen?«

Ob beim Schnitzelbestellen, beim Karneval in der Kita oder bei Haarfrisuren, es herrscht bei vielen eine Verunsicherung in Bezug auf bestimmte Themen. Eine Befürchtung, die gerne über eigene Privilegien und historisch gewachsene Ungleichheiten hinwegsieht. In diesem Buch werde ich diese Befürchtung nicht allen nehmen können, aber ich werde Wege aufzeigen, wie mit dem dazugehörigen Gefühl umgegangen werden kann. *Schwarz. Rot Wir.* ist eine Handreichung für den Dialog und für ein Miteinander in gelebter, alltäglicher Vielfalt. Dafür braucht es keine Angst vor Debatten, sondern die Reflexion des eigenen Wahrnehmens und Handelns und mitunter die daraus hervorgehende Erkenntnis, dass tatsächlich die eine oder andere Bemerkung in der Vergangenheit einfach rassistisch und diskriminierend war. Dafür braucht es aber auch ein Vergegenwärtigen von unbewussten Denkmustern in Form von Klischees und Stereotypen. Um genau diese ein wenig zu mindern, braucht es meiner Meinung nach aber auch Menschen, die ein Bild Deutschlands zeigen, dass tatsächlich vielfältig ist.

Wir brauchen mehr Vorbilder, die mit Stereotypen brechen. Beispielsweise eine selbstbewusste Schwarze Tatort-Kommissarin oder mehr homosexuelle Männer, die sich vor laufender Kamera küssen, Menschen mit Behinderung, die CEOs sind, Menschen mit Migrationserfahrung, die Spitzenpositionen in der Politik bekleiden und so weiter. Dabei geht es mir nicht um die plakative sichtbare Vielfalt, sondern um das bewusste Brechen von Stereotypen. Viel zu oft werden zum Beispiel mediale Rollen klischeebehaftet besetzt. Sie sind die Geflüchteten, Tänzerin-

PoC = Person of Color, der allgemein akzeptierte und selbstgewählte Begriff für nicht weiße Menschen.

nen, Musiker (gern Rapper), Basketballer oder die Menschen, die im Restaurant das benutzte Geschirr abspülen. Das Bild hat sich glücklicherweise mit der Zeit gewandelt, und Schwarze Menschen besetzen neue Rollen, wie beispielsweise im Jahr 2019 im Göttinger Tatort Florence Kasumba als Kommissarin Anaïs Schmitz. Doch nach wie vor sind wir weit davon entfernt, dass klischeefreie Bilder gezeigt werden.

Bisher sind es sehr vereinzelte Ansätze, in denen Vielfalt nicht das Thema, sondern gelebte Normalität ist. *Nachtschicht* vom ZDF oder der 2021 ins Leben gerufene Bremer Tatort mit Dar Salim als Ermittler, sind weitere gute Beispiele aus dem öffentlich-rechtlichen Fernsehen für eine neue Entwicklung weg vom Klischee der zuarbeitenden PoCs und hin zu tragenden und handlungsbestimmenden Rollen.

Der Grey's Anatomy-Effekt.

Es geht mir nicht nur um Vielfalt in Form eines bloßen Aufzählens, wie viele Menschen mit Migrationserfahrung oder PoCs in einem Film oder einer Serie zu sehen sind, sondern um das bewusste Brechen mit althergebrachten Bildern und Stereotypen. Ich bin davon überzeugt, dass das Zeigen von neuen Role Models in den Medien, die mit Klischees brechen, unser Denken – und auch das von unseren Kindern – verändert.

Role Model = engl. für Vorbild, Identifikationsfigur für (meist jüngere) Menschen, der sie in Verhalten, Erscheinung und gesell. Stellung nachahmen.

Ich nenne es gern den »Grey's Anatomy-Effekt«: Die amerikanische Serie, die (erst) 2006 – man könnte meinen, es gäbe sie schon ewig – ins deutsche Fernsehen kam, versucht mit allen Mitteln, Vielfalt als visuelles Stilmittel zu nutzen. In den USA ist es in Serien und Filmen eigentlich lange üblich gewesen, dass Schwarze und weiße Menschen jeweils unter sich bleiben, vor allem in Liebesbeziehungen. Bei *Grey's Anatomy* wurden hier scheinbar nach Belieben Beziehungen und Verbindungen entwickelt, bis gefühlt auch der letzte Zuschauer verstanden hat, dass in der Serie versucht wird, ein neues offenes Weltbild zu vermitteln. Es waren damals neue Bilder, die in der Intensität noch nicht bekannt waren. Nicht nur in den USA, vor allem auch hier in Deutschland.

Warum sind diese medialen Bilder wichtig, was haben sie mit Vielfalt zu tun – und mit uns? Schlicht und ergreifend sind gerade diese simplen Bilder wichtig, weil sie mit dazu beitragen, unsere Stereotypen und Vorurteile im Kopf zu schmälern und zu revidieren.

Klischees, Vorurteile und Stereotype.

Viele Begriffe werden im alltäglichen Sprachgebrauch gern synonym verwendet. Daher hier kurze Erläuterungen, um diese Begriffe klarer voneinander trennen zu können.

Klischee: Ein Klischee ist eine Zuordnung von einer oder mehreren Eigenschaften zu einer Personengruppe oder aber auch einzelne Überzeichnungen, die vermeintlich einer Personengruppe zuzuordnen sind. Klischees können sowohl positiv als auch negativ ausfallen. Klischees gibt es viele, über Schwaben genauso wie über Katzenliebhaberinnen, sie besitzen jedoch nicht immer Diskriminierungspotenzial, weil dafür gewisse Machtstrukturen gegeben sein müssen.

Vorurteil: Ein Vorurteil spiegelt eine abwertende Haltung gegenüber Personengruppen wider. Sie sind mit einem Urteil über diese Gruppe verbunden, das Angehörige der jeweiligen Gruppe nicht individuell betrachtet, sondern aufgrund ihrer Gruppenzugehörigkeit abwertet.

Stereotyp: Stereotypen schaffen Zusammenhänge im Kopf. Stereotypen sind unsere Schubladen im Kopf, die jede*r in sich trägt. Ob sie sich auf Schwarze Menschen oder die verpönten alten weißen Männer beziehen, Schubladen sind Teil unseres Denkens. Sie haben schließlich eine Funktion, sie vereinfachen unser Denken und machen Komplexes schnell erfassbar. Das große Problem mit Stereotypen: Sind sie einmal verankert und erlernt, setzen sie sich im Kopf fest und werden nur selten revidiert. Wir sehen zum Beispiel eine Person schemenhaft aus der Ferne, und unser Gehirn schreibt ihr sofort ein gelerntes Geschlecht zu. Diese Form des Denkens und Verknüpfens von Signalen verurteile ich nicht per se, denn sie hat eine gewisse Notwendigkeit, vereinfacht unseren Umgang mit Menschen. Ich sehe jemanden, mache meine Schublade im Hirn auf und versuche anhand meines Eindrucks, einen passenden Einstieg ins Gespräch zu finden. Das Problem beginnt mit der starren Verankerung von Stereotypen in unserem Denken und mit der Vorverurteilung von vermeintlichen Gruppen, die unser Gehirn fälschlicherweise zusammenbündelt.

Wir müssen also alle unsere Vorurteile fortlaufend reflektieren und überprüfen. Vorurteile sind Teil unseres Denkens und werden für mich als Schwarzer in einer meist unreflektierten weißen Gesellschaft ein Problem, wenn meine Hautfarbe bewusst oder unbewusst negative Assoziationen auslöst. Vorurteile sind das Einfallstor für Diskriminierung und der Nährboden für Rassismus. Diese Denkmuster können nur durchbrochen werden, wenn wir ihnen lang genug und konsequent andere Bilder entgegensetzen. Menschen, und vor allem Kinder, lernen durch Beobachtung, durch das (auch medial) Gesehene und durch Menschen, die sie kennenlernen. Die Assoziationen, die im Kopf entstehen, sollen neue Verknüpfungen erzeugen: Der Schwarze kann auch mal schlecht tanzen, und er ist ein gewöhnlicher Familienvater, der nicht auf jeder Feier davon erzählen möchte, wo er herkommt. Er kommt zum Beispiel aus Ostfriesland und fährt gern Kajak – so wie ich.

Meine These lautet, dass wir durch gelebte Vielfalt in Organisationen, in der Zivilgesellschaft und vor allem in den Medien Ressentiments und Vorurteile abbauen können. Sichtbare Diversität in der Wirtschaft und in TV, Zeitung und Co. wird ein Umdenken in der Mehrheit herbeiführen, was unser aller Zusammenleben verbessert. Gelebte Vielfalt bedeutet für mich das Zersetzen von altbekannten, klischeehaften Bildern in unseren Köpfen, dem Ersetzen durch neue Bilder, die mit den Klischees brechen. Es scheint eine simple Formel zu sein, die Schwierigkeit liegt aber darin, dass gelebte Vielfalt konsequent, ohne Kompromisse und über einen langen Zeitraum vorherrschen muss. Erst dann spüren wir alle, dass unsere Gesellschaft durch Vielfalt reicher werden kann.

Der Scheinwerfer.

Ich möchte damit beginnen, wie ich Vorurteile und Stereotype in meinem Leben empfinde und wahrnehme. Als Schwarzer Ostfriese spielt das, was andere in mir sehen, ohne mich zu kennen, von Beginn meines Lebens an eine bedeutende Rolle. Ich bin sicher und geborgen in Ostfriesland aufgewachsen, in einem 800-Seelen-Dorf, zwischen Kanälen, Feldern und Kühen. Das Vereinsleben, ein traditionell wichtiger Bestandteil bei uns, habe ich immer genossen. Fußball, Kajak, aber auch Leichtathletik und freie Kunst habe ich im Verein gelernt.

Als Erwachsener erfuhr ich dann, dass meine Eltern auch eine Hoffnung mit Leichtathletik und Kunst verbanden. Dass sie hofften, die Menschen würden mich als kleinen Schwarzen Jungen hier besser akzeptieren und dass ich auf weniger Ablehnung oder Diskriminierung stoßen würde. Es war sicherlich nur einer von vielen Gründen – mein Vater war schließlich selbst Künstler –, aber einer, den sie mir in späteren Jahren offenbarten und der mir einleuchtete. Schwarze in der Leichtathletik, das ist ein fest etabliertes Bild. Oder der Kunstverein: eine kreative und unkonventionelle Szene, die Schwarze vielleicht schneller akzeptiert. Beide Erfahrungen waren für mich wirklich bereichernd, es waren aber kurze Intermezzi, da ich ein schlechter Athlet war und sich auf der Leinwand leider auch kein Talent abzeichnete.

Die Sorge meiner Eltern, damals Ende der Achtziger, war und ist nachvollziehbar. Zum Glück war sie teilweise unnötig, denn meine Kindheitserinnerungen sind von einem wohligen Gefühl der Geborgenheit bestimmt. Ostfriesland und mein Dorf haben es mir leicht gemacht. Ich war zwar der »Schoko« auf dem Bolzplatz, aber darüber hinaus gab es wenig diskriminierendes Verhalten gegenüber meiner Person. Ich gehe daher auch der Frage nach, was es in der Provinz für Inclusion braucht, also für das Gefühl der wertschätzenden Zugehörigkeit und des Miteinanders. Ich bin in einer Zeit aufgewachsen, da gab es noch keine afrodeutschen Vorbilder, und wenn, dann waren sie

Musiker oder Fußballer, ansonsten fanden Schwarze in der Öffentlichkeit nicht statt.

Ich widme mich darauffolgend der Frage, wie unsere Gesellschaft eigentlich zusammengesetzt ist. Wie unterscheiden wir uns, gibt es wirklich nur Menschen mit Migrationshintergrund und welche ohne? Und was ist am Begriff Migrationshintergrund eigentlich verkehrt?

Unternehmen schreiben sich zunehmend Diversity auf die Fahne. Leider endet es oft auch genau bei dieser Regenbogenfahne –, und Medien denken darüber nach, Diversity Management intensiver zu berücksichtigen. Es werden deshalb hier Zahlen und Fakten beleuchtet, die letztendlich das vielfältige Bild Deutschlands aufzeigen und die unterschiedlichen Perspektiven auch sichtbar machen.

Regenbogenfahne = wurde bereits im 16. Jhd. als Zeichen der Hoffnung und Veränderung genutzt und ist seit den 70er-Jahren Zeichen der Friedensbewegung und der Schwulen- und Lesbenbewegung. Die Fahne wird kontinuierlich weiterentwickelt, zuletzt um einen Keil in den Farben der Trans- und Queerflagge und die Farben Schwarz und Braun, um PoCs zu repräsentieren.

Bezugnehmend auf diese Erkenntnisse baue ich meine Hauptthese auf und aus, nämlich wie wir durch die Anerkennung von gelebter Vielfalt Ressentiments beheben können. Gruppenspezifische Vorurteile sind das Einfallstor für Diskriminierung und der Nährboden für Rassismus. Diese Denkmuster können nur durchbrochen werden, wenn wir ihnen lang genug andere Bilder konsequent entgegensetzen.

Wir brauchen neue Vorbilder. Menschen, die, teils ganz unbewusst, mit Stereotypen brechen und neue Denkmuster entstehen lassen können. Vorbilder, die andere Menschen prägen und vor allem bestärken können. Letztendlich können diese neuen Vorbilder aber ihre Rolle auch nur ausfüllen, wenn die Strukturen es zulassen. Und ebenso muss die Mehrheitsgesellschaft beginnen, ihre unbewussten Vorurteile und verzerrten Bilder im Kopf zu reflektieren. Wir müssen demnach auch auf die bestehenden Stereotype schauen, um zu wissen, welche Bilder aufgebrochen werden müssen, um neue Assoziationen zu konstruieren.

Es ist wichtig, nicht nur Role Models zu zeigen, wir brauchen eine gelebte Vielfalt, die auch alte Strukturen neu definiert. Denn die Gefahr, der die neuen Vorbilder unterliegen, ist auch deutlich und stets präsent. Wir benötigen keine »Quoten-«Schwarzen, die in der Öffentlichkeit stehen sollen, um beispielsweise das Image einer Institution zu verbessern. Echte Vorbilder müssen aus sich heraus ihre Rolle annehmen und sich ihrer Rolle ebenso bewusst sein. Denn bezogen auf das Leben Schwarzer Deutscher stehen wir bereits tagtäglich im gesellschaftlichen Scheinwerferlicht, warum also das Licht des Scheinwerfers noch heller strahlen lassen? Die Frage, die sich stellt, ist, wie das Licht des Scheinwerfers richtig genutzt werden kann und man sich dennoch treu bleibt.

Der Scheinwerfer ist ein wichtiger und besonderer Aspekt meines Lebens. Eigentlich will ich abtauchen und nicht im Licht stehen. Ich atme auf, wenn ich mal in den viel diverseren Städten London oder New York bin. Ein Gefühl, das ich in Deutschland zum Beispiel in Frankfurt a.M. erlebe.

Der Wunsch abzutauchen und bei sich zu sein ist ein Grundthema meines Lebens in Deutschland. Dabei ist der Scheinwerfer fast immer auf mich gerichtet. Oftmals gar nicht bewusst, es ist schließlich nicht so, dass sich alle nach mir umdrehen, wenn ich einen Raum betrete, weil ich der einzige Schwarze bin. Das Gefühl ist in mir und wird immer wieder durch kleine Gesten und Bemerkungen anderer bestätigt. Das Gefühl, der Einzige zu sein. Das Gefühl, dann doch als »anders« wahrgenommen zu werden.

Der Scheinwerfer erstrahlt viel zu grell, wenn mich auf einer politischen Veranstaltung in Berlin ein Politiker lachend anspricht, er sei genauso schwarz wie ich – er sei halt in der CSU.

Das Gefühl wird bestätigt, als ich auf einer Veranstaltung zu Entwicklungs- und Afrikapolitik in der Deutschen Parlamentarischen Gesellschaft war, direkt neben dem Bundestag. Es wurde eine Studie über die Einstellung der Deutschen zur Entwicklungspolitik vorgestellt. Die damalige Chefin des Meinungsforschungsinstituts erzählte zu Beginn ihres Vortrags dem Fachpublikum eine Anekdote aus München, sie saß im Taxi zum Flughafen. Der Taxifahrer war ein, wie sie sagte, richtiger »Onkel Tom«, der sagenhaftes Bayrisch sprach – damit es auch alle verstanden, wiederholte sie die Bezeichnung noch mehrmals.

Vor allem diese Erfahrung zeigt eindrücklich, wie wichtig es ist, Bilder zu revidieren und zu verändern, bis vielschichtige Schwarze Lebenswelten nicht mehr als Widerspruch wahrgenommen werden, sondern als alltägliche Realität vieler. Denn selbst auf einer exklusiven Veranstaltung von und für Menschen, die sich beruflich mit Afrika auseinandersetzen und denen man einen gewissen Grad an Sensibilität für Rassismus unterstellen könnte, wird man von hochgradig abwertender Sprache überrascht, die ganz unbewusst verwendet wird. All diese Momente nähren den Scheinwerfereffekt in meinem Leben und dem vieler anderer. Der Scheinwerfer ist also immer da, das Licht ist manchmal schwach und manchmal sehr hell. Mein Ansatz ist es, dieses Licht zu nutzen, sich aber gleichzeitig bewusst zu machen, welches Bild man zeigen möchte. Das erwartbare, stereotype Bild muss immer wieder aufgebrochen und durch ein neues ergänzt oder ausgetauscht werden.

Die Bezeichnung »Onkel Tom« ist rassistisch besetzt und zementiert heute vorurteilhaftes Denken in Bezug auf Schwarze Menschen.

Welche Folgen eine solche Veränderung unserer Wahrnehmung von gesellschaftlicher Vielfalt für uns alle hätte, möchte ich im letzten Kapitel aufzeigen. Hier zeichne ich ein neues Bild Deutschlands, verbunden mit dem Wunsch, wie meine Tochter in Deutschland aufwachsen sollte: Was ich ihr wünsche. Denn sie ist die größte Motivation, dieses Buch zu schreiben. Wenn sie eines Tages das Gefühl der Entspannung vom Scheinwerferlicht nicht in London oder New York suchen muss, sondern es auch hier in Deutschland in einer beliebigen Stadt finden kann. Wo immer sie sich aufhält, sie würde nicht mehr auffallen als ihre weißen Freund*innen. Sie würde nicht nur angstfrei aufwachsen, sondern mit dem Gefühl, dass das Licht des Scheinwerfers (fast) erloschen ist.

An dieser Vision können wir alle arbeiten, gemeinsam, und mit diesem Buch möchte ich wichtige Schritte auf dem Weg dorthin aufzeigen und verdeutlichen: Sie sind nicht nur möglich, wir können schon heute damit beginnen, sie umzusetzen.

HERKUNFT.

Wer bin ich.

Manchmal begleitet mich also ein Scheinwerfer durchs Leben, oft zeigt sich mein vermeintliches Anderssein oder vielmehr das Andersgemachtwerden (Othering) aber als ein ständiges Rauschen. Ein Rauschen wie eine immer dröhnende Klimaanlage im Raum, die einfach nicht aufhören will, Lärm zu machen. Es ist das Rauschen, welches das Gefühl begleitet, nicht dazuzugehören, ein gesellschaftlicher Fremdkörper zu sein und unter Beobachtung zu stehen.

Darauf möchte ich hinarbeiten, dass dieses Rauschen aufhört und in jedem Raum, jeder Gesellschaft, in der ich mich bewege, alle von uns auch Ruhe genießen und innerlich abschalten können. Es klingt so simpel und trivial. »Wir leben doch in einer vielfältigen Welt!«, »Ich habe schon lange keine Vorurteile mehr.«, »Wieso muss überhaupt noch über Vielfalt geredet werden?« – Sätze, die heute regelmäßig fallen und mir und uns allen vermitteln wollen, dass wir es eigentlich geschafft haben, dass viele Menschen diskriminierendes Denken und Handeln überwunden haben.

Ich finde diese Aussagen interessant, da wir auf der anderen Seite immer wieder von rassistischen Übergriffen lesen und hören, immer wieder Alltagsrassismus erleben oder mitbekommen. Will man es einfach nicht mehr sehen oder wahrhaben? Was mir in meiner Auseinandersetzung mit Diversity immer deutlicher wird: Sich mit Diskriminierung zu beschäftigen strengt gewaltig an. Also nicht nur darüber zu lesen, sondern sich selbst zu betrachten und die eigenen vorurteilsbehafteten Denkmuster wahrzunehmen.

Jegliche Form der Verbesserung beginnt also nicht nur auf der strukturellen Ebene, also bei (politischen) Rahmenbedingungen, sie kann, sollte und muss auch bei einem selbst starten. So möchte ich auch beginnen, bei mir und meiner Identität und meiner Herkunft. Wer bin ich, und wie bin ich zu diesem Menschen geworden? Denn die Frage nach der eigenen Identität und danach, wer man ist, ist für die gesamte Debatte um Vielfalt zentral. Wer möchte ich sein, und wie werde ich gesehen, welche Rolle spielen Hautfarbe, meine soziale Herkunft, Geschlecht oder eine mögliche Behinderung?

Ich kann mich heute nicht mehr daran erinnern, wann ich mich das erste Mal im Spiegel betrachtet und bemerkt habe, dass meine Hautfarbe eine andere ist als die der meisten Menschen in meinem Umfeld.

Ein Teil meiner Identität ist es, Ostfriese zu sein. Für viele andere Menschen in Deutschland ist die Tatsache eines Schwarzen Ostfriesen immer noch ein Aha-Moment, ein Widerspruch oder im schlimmsten Fall unmöglich. Dies möchte ich gleich zu Beginn hervorheben, dass es heute noch eine Besonderheit für viele Menschen darstellt: Schwarz sein, deutsch sein, die Heimat ist Ostfriesland.

Bin ich unter Freunden, die zu 98% weiß sind, und erzähle von Alltagsrassismus und Mikroaggressionen, die mir als Schwarzem Deutschen begegnen, so sind sie überrascht. Sie wundern sich, dass ich solche Zusammenhänge nach wie vor hierzulande erläutern muss. Doch es ist bis heute Alltag, dass mir und anderen PoC Herkunftsfragen gestellt werden. Irgendwas scheint für viele nicht zusammenzupassen, was zu häufigem Nachfragen führt und oft in der Frage endet: »Du bist Ostfriese, aber wo kommst du denn wirklich her?«

Bis heute ist meine Hautfarbe in Deutschland etwas Besonderes, etwas, das thematisiert werden muss. Immer und immer wieder, ob von entfernten Bekannten beim Dinner, von Fremden in der Supermarktschlange oder auf dem Spielplatz von anderen Eltern oder Großeltern. Menschen, die mich zum ersten Mal sehen, verbinden in diesem Augenblick selten einen Ostfriesen mit meiner Person. Und dies selbst noch, wenn ich den Mund aufmache und mein leicht norddeutscher Dialekt zutage kommt.

»Pierrot, du musst damit leben, dass du nun mal anders und der einzige Schwarze im Raum bist.« Das sagte mir ein weißer Bekannter vor einigen Jahren, zusammen mit dem Hinweis, dass ich lernen müsse, einfach weniger empfindlich zu sein. Ein Rat, den von Rassismus betroffene Menschen seit Jahren und Jahrzehnten zu hören bekommen.

Richtig, ich muss damit leben, allerdings möchte ich nicht damit leben. Es ist eine Erfahrung, die ich niemandem wünsche. Vor allem in meiner Heimatregion bin und war ich aus der Perspektive der Mitmenschen auch ein »Exot«, vor allem in meiner Kindheit. Es gibt nun mal wenige Schwarze in Ostfriesland, und daher ist es auch für mich prinzipiell nicht verwunderlich, wenn mir die Frage nach meiner Herkunft gestellt wird. Das vermeintlich Andere wird schließlich oftmals hinterfragt.

Ich thematisiere es hier aber, weil in dieser Frage etwas sehr Persönliches und Intimes enthalten ist, das vielleicht vom Fragesteller so gar nicht intendiert ist, bei genauer Betrachtung aber auch den meisten Fragesteller*innen einleuchtet. Ein Eindringen in meine ganz eigene Biografie und Herkunftsgeschichte, das sich an sonst übliche gesellschaftliche Regeln im Miteinander nicht zu halten scheint.

Zudem verdeutlicht diese Frage historisch gewachsene Strukturen und verdeckte Hierarchien in unserem Zusammenleben. Es ist die eine Gruppe, die sich nie erklären muss und es gleichzeitig aus ihrer Position heraus als Selbstverständlichkeit sieht, anderen Fragen nach Herkunft, Familie, Kultur und Ursprung zu stellen.

Als mir gesagte wurde, ich sollte dieses »Anderssein durch meine Hautfarbe« annehmen, hinterließ das ein ungutes Gefühl bei mir. Wer ich bin, was es bedeutet, Schwarz in Deutschland zu sein, nehme ich selbstverständlich an, denn ich lebe in Deutschland, seit ich denken kann, und das auch sehr gern. Aber gerade deswegen muss ich auch dieses Gefühl thematisieren. Das Gefühl nicht dazuzugehören, nur aufgrund meiner Hautfarbe. Das muss ich nicht akzeptieren und will es auch nicht, denn dieses negative Gefühl sollte einfach nicht zu mir gehören. Es ist ein Gefühl, das weiße Menschen in Deutschland niemals fühlen müssen. Sie sind in einem gesellschaftlichen Konstrukt aufgewachsen, in dem Rassismus zwar eine (Rand-)Erscheinung ist, sie aber trotzdem keine Rassist*innen sind, nur weil sie es von sich selbst behaupten. Damit, wie auch sie in ihrem Leben rassistisch sozialisiert wurden, müssen sie sich anscheinend nicht auseinandersetzen.

Wie bei vielen anderen Menschen ist es auch bei mir so, dass ich persönliche Fragen, vor allem in unpassenden Situationen, zurückweise. Dabei sind unpassende Situationen eigentlich all jene, in denen ich Menschen gerade kennenlerne und der Fragenkatalog aufgetischt wird, noch bevor man sich namentlich begrüßt hat. Doch jede auch noch so freundliche Zurückweisung von Fragen zu meiner Herkunft oder Familiengeschichte wird oftmals als unhöflich oder als übertriebene Reaktion beurteilt. Ich bin der Meinung, dass wir über vieles im Dialog bleiben müssen, Dialog tut auch mir gut und bereichert uns alle. Die Grenze liegt für mich im respektvollen Umgang, der natürlich sehr individuell ist. Es sind das »Wie«, »Wann« und vor allem in welcher Beziehung zueinander gestanden wird bei so intimen Fragen, wenn sie gestellt werden. Inwiefern ist dem Gegenüber dabei auch bewusst, was diese Fragen emotional bei mir auslösen könnten, hat er sich darüber zumindest Gedanken gemacht? Worte können Grenzen ziehen, mich aus einem Wir herausstoßen, die Macht der bloßen Worte ist enorm. Ein gutes Beispiel ist für mich das N-Wort. Darüber gibt es glücklicherweise kaum noch Diskussionen, nur lange ist es einfach nicht her, dass ich noch darüber streiten musste. Die Grenze ist also neben einem respektvollen, höflichen Umgang das Wahrnehmen und Reflektieren von Diskriminierung und Rassismus in einer möglichen Frage.

Ich plädiere grundsätzlich für Dialog und blocke so schnell niemanden ab. Ich bin offen für vieles und gerade in dieser schwierigen großen Debatte um Vielfalt und Diskriminierung, denn darum geht es nun mal bei alledem, braucht es keine verbalen Barrikaden, sondern einen reflektierten Dialog, der uns weiterbringt.

Mein Ostfriesland.

Timmel, das Dorf meiner Kindheit, hatte damals circa 800 Einwohner, umringt von der ostfriesischen Weite grüner Wiesen, den typischen Fehn-Dörfern und ihren Kanälen. Ein kleines sympathisches Dorf, das sich vor allem in seiner Form deutlich von der Vielzahl der anderen Dörfer ringsum unterscheidet. Es ist keine ehemalige Moorsiedlung, die von einem Kanal geprägt ist und sich entlang des Wassers als Siedlung gebildet hat. Die runde Form des Dorfes macht seinen Charme aus, es fühlt sich schon durch diese Struktur ein wenig wohliger und inniger an.

Fehn = urspr. Siedlung im Moor, im Ortsnamen Verweis auf Ortschaft angelegt entlang des entwässernden Moorkanals, wie Großefehn.

Genau eine Fußgängerampel, ein touristisch genutzter See, ein Campingplatz, ein Hotel, zahlreiche Ferienhäuser und ein kleiner Supermarkt. Ein Dorf, in dem ich gern aufgewachsen bin und das meine Kindheit mit den klassischen Bildern eines Dorfkindes geprägt hat. Spielen auf dem Bauernhof, bevor es dunkel wird, zu Hause sein, und wenn man doch mal Mist anstellte (oder nur den Gedanken daran hatte), dann waren alle Dorfbewohner*innen die soziale Kontrolle und trugen dafür Sorge, dass meine Eltern von allem, was ich mit meinen Freunden so trieb, in Kenntnis gesetzt wurden.

Überall offene Türen, durch die wir Kinder gingen. Dabei interessant: Es war nie der Haupteingang, auf dem Dorf kommen Besucher*innen durch die Hintertür. Wir gingen direkt in die Küche, um nach den Freunden zu rufen. Der vordere Haupteingang der Einfamilienhäuser, also die Haustür, hatte für uns Kinder immer etwas Repräsentatives, war eher eine Form von Barriere, die massiv und förmlich wirkte und

29

wenig dazu einlud, seine Spielkamerad*innen abzuholen. Dies galt nicht nur für uns Kinder, wer sich kannte, ging nicht durch den Vordereingang, sondern nahm den längeren Weg ums Haus herum und trat mit einem langgezogenen »Moin« ins Haus.

Groß zu werden in solch einer Region als fast einziger Schwarzer ist eine Besonderheit, aber anders als die meisten Menschen vermuten. Mitnichten ist es mit einem negativen Gefühl verbunden. Bis heute frage ich mich, was mein Leben dort ausmachte, und warum sich meine heutigen Gedanken über meine bisherigen Rassismuserfahrungen weniger auf die Zeit in Ostfriesland konzentrieren als auf mein Leben in deutschen Großstädten. Denke ich zurück, so fühlt sich meine Kindheit und Jugend auf dem Dorf heimelig, gut und behütet an.

Verkläre ich meine Kindheit und die gemachten Erfahrungen? Romantisiere ich meine Erinnerungen, oder verdränge ich womöglich negative Erfahrungen?

Was klar ist, trotz der wenigen expliziten Rassismuserfahrungen, begleitete mich damals als kleiner Schwarzer Junge fortwährend eine zentrale Frage: Wäre ich die gleiche Person, wenn ich weiß wäre, würde ich mich in gewissen Situationen ähnlich verhalten oder ganz anders? Meine Umgebung war vollständig weiß, meine Freund*innen, meine Familie, alle um mich herum. Später als Jugendlicher sagte ich des Öfteren, dass mir mein Schwarzsein gar nicht auffallen würde, wenn die Außenwelt mich nicht permanent darauf aufmerksam machte. Ein konstruktivistischer Ansatz: Ich werde von meiner Umwelt zum Schwarzen gemacht.

In den Medien – allen voran das damals noch vorherrschende Medium Fernsehen – fanden in den 80er-Jahren kaum Schwarze Menschen statt, und wenn, dann Roberto Blanco, einige wenige Fußballspieler oder klischeebehaftete Rollen irgendwo im Spektrum zwischen Dealern, Tänzer*innen oder Geflüchteten (oder alles in einer Person). In jedem Fall wurden Schwarze Menschen entweder als unterhaltsam oder bedrohlich dargestellt, ernst hat man sie als Zuschauer*in nicht nehmen sollen. Aber diese Klischees und die Diffamierungen Schwarzer Menschen berührten mich damals nicht direkt. Man ging zwar davon aus, dass ich besser tanzen könne, aber das war's dann eigentlich auch mit klassischen Behauptungen, die mir entgegengebracht wurden.

Fragen zu meiner Identität stellte ich mir bereits sehr früh, und sie begleiten mich bis heute. Die Frage, ob ich die gleiche Person wäre, wenn ich weiß wäre, stellte ich meinem (weißen) Vater mit etwa zehn Jahren. Er antwortete, ich sei ganz gleich meiner Hautfarbe die Person, die ich nun mal bin, die »Was wäre wenn«-Frage führe zu nichts. Aber auch, dass Schwarzsein ein Teil von mir sei und ich derjenige, der es mit Leben fülle und nicht Personen von außen.

Heute bin ich davon überzeugt, dass er damit grundsätzlich Recht hatte. Dennoch fehlten mir in meinem Umfeld zu der Zeit Schwarze Bezugspersonen, mit denen zum Beispiel ein Austausch über Diskriminierungserfahrungen stattfinden konnte. Die Frage wurde zu einem ständigen Begleiter meiner Kindheit und Jugend.

Die Frage ist essenziell, weil ich eben keine permanente Diskriminierung fühlte, sondern weil es ein Grundgefühl an Verunsicherung gab, das ich nicht immer richtig zuordnen konnte. »Schoko, spiel ab!«, so forderten mich meine Freunde beim lockeren Fußballspiel auf, den Ball abzuspielen. Es kam beiläufig, und es war für mich damals sehr schwer, diesen Umgangston, diese Bezeichnung meiner Freunde innerlich zu verorten. Ich spürte schon als kleiner Junge, dass die Bezeichnung als »Schoko« etwas in mir auslöste. Ich konnte es noch nicht benennen, ich fühlte aber ein gewisses Unwohlsein.

Ein ähnliches Gefühl kam auch beim traditionellen Geburtstagsspiel »Wer hat Angst vorm schwarzen Mann?« in mir auf. Auch wenn keine abwertenden Sprüche fielen oder gar mit dem Finger auf mich gezeigt wurde, auch wenn einfach nur gespielt wurde – ein schlechtes Gefühl blieb. Vor allem dann, wenn ich an der Reihe war, mich selbst im Kreis drehte und rief: »Wer hat Angst vorm Schwarzen Mann?« Es ist unerheblich, wie die Genese des Spiels ist, es löste in mir nichts

Gutes aus. Mein Leben lang gab und bis heute gibt es immer wieder kleinere und einzelne größere Stiche, die in mir ein Gefühl hinterlassen, das Selbstzweifel und Verunsicherung auslöst. Es nimmt mich aus dem Wir heraus, in dem ich mich befinde, und platziert mich im Außen.

Ein Gefühl, das mich wanken ließ, vor allem dann, wenn ich aus meinem sicheren Dorf heraustrat oder andere fremde Menschen in diesen heimeligen Kokon eindrangen. Zum Beispiel erinnere ich mich an ein Dorffest, bei dem mir jemand 2 DM (Deutsche Mark) mit den Worten »Armes Kind, kauf dir mal was Vernünftiges« in die Hand drückte. Auch in diesem Fall konnte ich als kleiner Junge den Hintergrund oder das, was da tatsächlich gerade passierte, welche Bedeutung diese Handlung und Aussage mittransportierte, nicht einordnen. Ich fühlte aber, dass so etwas nicht jedem widerfuhr. Was mich emotional und psychisch vielleicht schützte, war mein junges Alter und die Tatsache, dass 2 DM auf einem Dorffest schnell die Gedanken auf das Wesentliche lenkten, nämlich das gewonnene Geld sofort wieder in den Wirtschaftskreislauf zu bringen.

Das Gefühl des Andersseins aber blieb und bleibt und summiert sich in einer Fragestellung, die wie eine Wolke immer über einem schwebt. Mal ist sie präsent, dunkel und lastet schwer auf dem eigenen Leben und Alltag, mal ist der Himmel klar, und sie ist fast weg, leider ist sie aber immer da. Gehört man wirklich zur Gemeinschaft, oder ist man nur geduldet? Würde ich meine damalige Umgebung, Freund*innen, Nachbar*innen und Bekannte fragen, damals wie heute, die Antwort wäre eindeutig: Selbstverständlich gehörst du dazu! Trotzdem bleibt die Wolke oder das Rauschen, diese Unsicherheit ist mein ständiger Begleiter, und es gilt, sie fortwährend zu verringern.

Nichtsdestotrotz hat Ostfriesland und ausdrücklich mein Dorf Timmel, in dem ich bis zum Abitur aufwuchs, mich beschützt und mein Großwerden überwiegend positiv geprägt. Das Dorf entwickelte sich zu einem Ort, den ich Zuhause nenne. Ein Ort, in dem ich alle und alles kannte, seit ich denken kann.

Menschen, die mich noch nicht kannten, begegneten mir oft mit den ersten Worten: »Ja Mensch, du bist ja ganz schön dunkel, aber Platt sprichst du.« Ein warmes Tätscheln der Wange des kleinen Schwarzen Jungen, ein Schluck aus der Teetasse, und damit war das Thema in den meisten Fällen auch abgehakt. Der Blick in den Himmel, wenige Worte über das Wetter und eine weitere Tasse Tee zeigen, wie Kommunikation bei uns ablief. Gern nonverbal, ohne große Aufregung. Das half mir. Auch, dass wir als Dorfjugend immer zusammengehalten haben. Ein Zugezogener, der uns beim obligatorischen Klingelstreich erwischte und mich mit dem N-Wort beschimpfte, wurde in den darauffolgenden Tagen damit begrüßt, dass sich der Inhalt sämtlicher öffentlicher Mülleimer des ganzen Dorfs in seinem Vorgarten ergoss. Er blieb dann auch nicht lang Teil der Dorfgemeinschaft.

Fragt man Menschen im restlichen Teil Deutschlands, was sie von Ostfriesland kennen oder was sie mit der Region verbinden, antworten viele Otto, Dieter Bohlen oder Scooter und attestieren den dort lebenden Menschen eine kauzige, wortkarge sowie kühle Mentalität, mit der auch gern eine Art Weltfremdheit einhergeht. Dass viele Ostfriesen sich wenig darum scheren, was andere von ihnen denken und noch nicht mal ein Problem mit Ostfriesen-Witzen haben, sagt viel über die Menschen aus dem hohen Norden aus. Ich würde behaupten, der gemeine Ostfriese ist mit sich zufrieden. Solange der Rasen vor der Haustür millimetergenau geschnitten ist und Konversationen nicht gleich Körperberührungen beinhalten, sind die grundlegenden Dinge erstmal geklärt, und alles Weitere muss sich eine emotionale Regung erst noch verdienen.

Ist es die Mentalität, die der Region eine für sich ganz eigene und schwer definierbare Offenheit verleiht, welche aber mit dem Begriff selbst nicht präzise erfasst wird? Denn wirklich offen ist der Ostfriese nicht. In diesem Buch geht es auch um Stereotypen, daher muss an dieser Stelle vermerkt werden, dass hier eine Pauschalisierung und Beurteilung einer vermeintlichen Menschengruppe getätigt wird, die keiner realen Faktenlage standhält. Kurz: Ich arbeite hier mit einem

Klischee, aber es ist mein subjektiver Versuch, meine Heimatregion zu erklären, um Ableitungen darüber zu entwickeln, warum auch wirtschaftlich weniger prosperierende Gegenden auf dem Land Orte der Offenheit und der Vielfalt sein können.

Ostfriesland war schon immer eine sehr eigenständige Region. Hoch oben im Norden, direkt an der Nordsee, zeichnet sich die Region dadurch aus, dass sie immer eine Spur eigensinnig und eigenständig war und das Meer eine gewichtige Rolle in der wirtschaftlichen Entwicklung spielte. Ostfriesland entwickelte sich im Vergleich zum restlichen Land schon immer ein wenig autonom. Moore spielten neben dem Meer und dem damit verbundenen Handel eine wichtige Rolle. Die Moore schnürten die Region zeitweise auch vom restlichen Land ab. Ein Grund, warum die Eigenständigkeit der Region früh zelebriert wurde.

Es lohnt sich daher ein kurzer Blick in die Historie: Wirtschaftlich dominierte zu Beginn des 17. und 18. Jahrhunderts die Moorkolonisierung und die damit verbundene Entstehung der sogenannten Fehngebiete, die diese Region in weiten Teilen landschaftlich bis heute ausmachen. Das Königreich Holland spielte ebenso früh eine große Rolle für die Region, da Ostfriesland zeitweise Teil des Königreichs war und der Einfluss und die Nähe der heutigen Niederlande seit jeher zu dieser Region gehören. Was ebenso bis heute immer wieder spürbar ist, ist die Auswanderungswelle vom Ende des 19. Jahrhunderts. Viele Ostfriesen verschlug es in dieser Zeit in die USA. In dieser Zeit verminderte sich der Einfluss Hollands, Ostfriesland wurde Teil von Preußen. Städte wie Leer und Emden wurden durch ihre Häfen wichtige Handelsstädte, die Bedeutung hatten weit über die Region hinaus. Vor allem Emden hatte mit seinem Hafen eine zentrale Rolle – und besitzt diese bis heute. Nichtsdestotrotz leben die Menschen der Region überwiegend von der Landwirtschaft. Direkt nach dem Zweiten Weltkrieg ist ein weiterer interessanter Aspekt zur Entwicklung Ostfrieslands hinzugekommen: Sehr viele Geflüchtete und Vertriebene siedelten sich in der vergleichsweise spärlich bewohnten Region an.

Die bewegende Geschichte Ostfrieslands kann man somit in Abwanderungen, Einwanderungen, Handel übers Meer, Moor-Abbau und natürlich dem ständigen Kampf mit Sturmfluten zusammenfassen, die vor der Modernisierung des Deichbaus im 20. Jahrhundert immer wieder dazu führten, dass weite Teile der Region überflutet wurden. Bis heute ringen die ostfriesischen Landwirte dem Meer das Land ab, das unter Normalhöhennull liegt, und so wird über Siele sogar das Regenwasser ins Meer abgeleitet, damit Ostfriesland nicht versinkt.

Im Übrigen ist meine Heimat heute politisch eine Region, in der es noch eine intakte SPD gibt, mit stattlichen Ergebnissen über dreißig Prozent. Die AfD gibt es zwar auch hier, sie kann aber bisher kaum Zugewinne verzeichnen. Ganz anders als in vielen Teilen Deutschlands, in denen eine gewisse Korrelation gezogen werden kann: Wenn sozialökonomische Herausforderungen auf territoriale Abgeschiedenheit treffen, so steigen die Chancen für eine rechte Partei wie die AfD. Nicht so in Ostfriesland. Obwohl die Region nicht prosperiert, so bleibt sie weitestgehend stabil sozialdemokratisch. Es zeigt sich wieder mal eine gewisse Kontinuität, eine Historie, die durch Unabhängigkeit geprägt ist. Auch Feudalismus hat hier nie wirklich Fuß gefasst, und Abhängigkeiten wurden stets bekämpft. Mein Dorf rühmt sich zum Beispiel bis heute damit, dass es 1811 eine französische Einheit Napoleons in den Wind schlug und damit kurzzeitig verhinderte, dass Seeleute für den Kampf Napoleons gegen England eingezogen wurden.

Ein weiteres prägendes Merkmal Ostfrieslands – wie auch vieler ländlicher Regionen in Deutschland – ist das ausgeprägte Vereinsleben. Wir waren alle in unseren jeweiligen Vereinen organisiert. Mit fünf Jahren rüttelte ich am Zaun des Fußballvereins und wollte unbedingt mitspielen. Wenige Tage später stand ich auf dem Platz, wie eigentlich alle meine Freunde. Erst später schaute man, welcher Sport(-verein) wirklich zu einem passt. Fußball war für die ersten Jahre eigentlich Pflicht für jeden Jungen. Es waren schöne, aber meist erfolglose Spiele auf den unterschiedlichen Fußballplätzen ostfriesischer Dörfer.

Man könnte meinen, dass es gerade bei Fußballspielen gegen andere Vereine rassistische Zwischenfälle gegeben hätte. Rufe oder bösartige Kommentare von ambitionierten Eltern am Spielfeldrand oder Beleidigungen der schlimmsten Art von Mitspielern. Schließlich ist Fußball leider bis heute ein Sport, in dem immer wieder Rassismus sicht- und hörbar wird und die Vereine dem erst in den letzten Jahren aktiv entgegenwirken. Sehen wir vom »Schoko« mal ab, so habe ich keine Erinnerung von rassistischen Bemerkungen aus meiner Fußballzeit in der F-,D- und C-Jugend, also dem Kinder-Level. Vielleicht mag es am Alter liegen, und wir waren einfach noch zu klein, um vom Seitenrand aus von gegnerischen Eltern angebrüllt zu werden.

Aber eine Spur könnte es auch an den Menschen dieser Region liegen, die trotz der Abgeschiedenheit gerne in Ostfriesland leben. Viele meiner Freund*innen, die sich nach dem Abitur zum Studieren an unterschiedlichen Universitäten in der Welt verteilten, kommen gern nach einigen Jahren zurück aufs Land. Selbstverständlich kein ungewöhnliches Phänomen, und es trifft auf viele Regionen in Deutschland zu, nur widerlegt es gängige Klischees und zeigt auf, wie gern Menschen zwischen Wind, Weiden und Weite leben.

Diese Verbundenheit zur Region, die durch Autonomie geprägte Geschichte, das Meer und der damit verbundene Austausch mit der Welt, die Verbundenheit zur Familie, das lebendige Vereinsleben und Ehrenamt sowie eine sich durch Ruhe und Unaufgeregtheit auszeichnende Mentalität könnten meiner Einschätzung nach mit zu dieser besonderen ostfriesischen Offenheit für Vielfalt beitragen und zum Grund, warum auch ich gerne Ostfriese bin.

Sozialisierung und Vorbilder.

Wie bereits deutlich wurde, ist Ostfriesland meine Heimat. Ein in Deutschland schwieriger Begriff, den ich persönlich selten in den Mund nehme, aber sofern Gespräche über Heimat aufkommen oder ich danach gefragt werde, ist Ostfriesland der Ort, der dem am nächsten kommt. Zumindest fühle ich mich als Ostfriese, wenngleich ich ebenso mit Hamburg sehr verbunden bin. Heimat hat für mich viele Gesichter, und in vielen Menschen steckt nicht nur die eine Heimat, sondern ein Mix aus vielen Orten, mit denen man sich emotional tief verbunden fühlt, da sie – wie in meinem Fall – zur Persönlichkeitsentwicklung beigetragen haben und somit für immer Heimatgefühle mit ihnen verbunden werden.

Genau für diese Persönlichkeitsentwicklung spielen Vorbilder und Identifikationsfiguren eine zentrale Rolle. Neben den Eltern, Geschwistern und Freund*innen gesellen sich weitere Menschen hinzu, die jeden mitprägen. Bei den einen mehr und bei den anderen weniger, oder anders gesagt, bei den einen bewusster und bei den anderen unbewusster. Aber junge Menschen suchen und brauchen Identifikationsfiguren in ihrem Sozialisationsprozess.

Wie alle Kinder und Jugendlichen suchte auch ich nach meiner Identität. Eine Suche, die nie im Leben aufhört, aber ihren Höhepunkt in der Altersspanne zwischen 12 und 18 Jahren findet. Diese Lebensphase vollzog sich bei mir in den 90er-Jahren. Helmut Kohl war der ewige Kanzler, und als Kind hatte ich nie das Gefühl, dass sich dies jemals ändern wird. Die Politik vermittelte noch das »alte« Deutschland und zeichnete sich bis 1998 nicht sonderlich durch (gesellschaftlichen) Wandel aus. Simpel heruntergebrochen: Deutschland war zwar schon seit den 50er-Jahren ein Einwanderungsland, hat es aber für sich lange nicht akzeptiert. Bundeskanzler Helmut Kohl postulierte noch in einer Regierungserklärung 1989, dass Deutschland kein Einwanderungsland sei.

Identität = die Summe von unterschiedlichen Eigenschaften und Auffassungen, die uns prägen und einzigartig machen.

Es war die Zeit, in der Vegetarier*innen noch verpönt waren, Klimawandel hieß noch Umweltschutz und stand, außer bei den Grünen, auf keiner parteipolitischen Agenda. Ebenso war Vielfalt (und erst recht der englische Begriff Diversity) ein weitgehend unbekanntes Fremdwort. Eher hantierten Politiker ungeschickt mit dem Begriff »Multikulti«. Ein Begriff, der von meist konservativen Politikern abschätzig für einige Viertel in Großstädten verwendet wurde und teilweise noch wird.

Auch in der Unterhaltungsbranche war Vielfalt noch nicht eingezogen, mit Ausnahme von neuen bunten Musiksendern vielleicht, in Form von Moderator*innen oder als tanzendes Beiwerk in Musikvideos. Das Bild, welches medial primär geprägt wurde, sah aber allgemein anders und schlichtweg weiß aus: Thomas Gottschalk moderierte vor 17 Millionen Zuschauern noch regelmäßig *Wetten, dass…?!*. Eine Zeit ohne Smartphone und ohne Internet, das Fernsehen war noch das Leitmedium für alle Deutschen. *Beverly Hills 90210, Buffy, Baywatch, Die Schwarzwaldklinik* und *Knight Rider* statt Instagram, TikTok und Netflix.

Und natürlich in Deutschland die Blockbuster der Otto-Filme. Wahre Klassiker, bis heute ist der erste *Otto – Der Film* einer der meistbesuchten Kinofilme Deutschlands. Und er ist durchtränkt von rassistischen Ausführungen. Damals wurde es noch als Satire deklariert, heute ist den meisten Zuschauer*innen bewusst, dass Rassismus auf sehr unangenehme Art reproduziert wurde. Der Film kam 1985 in die Kinos – ohne Frage, ich fand den Film damals köstlich und krümmte mich vor Lachen auf dem Boden. Otto, einer von uns, der irgendwie seinen ganz eigenen ostfriesischen Dadaismus-Charme besaß. Nichtsdestotrotz, der Film steht auch symbolisch dafür, wie wenig über

Rassismus, Stereotypen und Diffamierungen kritisch nachgedacht wurde. Kein harmloser oder schwer erkennbarer Rassismus, sondern platt und unverkennbar, was man exemplarisch am allgegenwärtigen Gebrauch des N-Wortes erkennen kann oder an einer ironisch gemeinten, aber schlichtweg unlustigen und rassistischen Szene über Sklavenhandel.

Vieles wurde damals nicht hinterfragt, es war ein Stück weit normal, und es zeigt, wie verwurzelt Rassismus im allgemeinen Gedankengut unserer Gesellschaft ist. Mir selbst wurde der eklatante Rassismus erst später bewusst, doch auch als Kind hinterließ das Zuschauen ein schales Gefühl. Benennen konnte ich es zur damaligen Zeit nicht, aber natürlich spürte auch ich, dass das N-Wort und der unsägliche Gebrauch von Stereotypen nicht lustig sind. All diese Szenen fühlten sich auch damals schon schlichtweg nicht witzig an, sondern machten mich beklommen. In der Auseinandersetzung mit diesen negativen Gefühlen war ich damals in meinem weißen Umfeld leider allein.

Die Suche nach Vorbildern verlief in meiner Kindheit natürlich hauptsächlich über das TV. Vorbilder wurden damals zu Idolen und somit auf eine beinah religiöse Weise verehrt. Heute bauen Fans und ihre Vorbilder para-soziale Verbindungen auf. Stars leben scheinbar wie ich, denken wie ich, und ich kann mit ihnen direkt über Social Media-Kanäle und Direct Messages in Interaktion treten.

Aber was sich ähnelt, früher wie heute, Vorbilder sind Identifikationsfiguren und Orientierungspunkte, denen Kinder und Jugendliche nacheifern. Wer hat früher nicht versucht, sich so zu kleiden wie die Lieblingsmusiker*innen oder Schauspieler*innen? Auch Werte und Lebensstile werden kopiert und tragen zur Entwicklung bei.

Meinem ersten Idol Terence Trent D'Arby, der auch als Poster in meinem Kinderzimmer hing, näherte ich mich an, indem ich versuchte, mein Aussehen anzupassen. Zumindest konnte ich meine Haare ähnlich flechten wie er, was als Viertklässler auffallend (feminin) aussah und mir in diesem Fall einige Sprüche meiner Freund*innen einbrachte.

In meiner Grundschulzeit gesellte sich neben Terence Trent D'Arby noch das *A-Team* mit B.A. Baracus. Als B.A. Baracus verkleidet ging ich dann auch zum Karneval in der dritten Klasse. Meine Eltern kauften mir im Baumarkt unterschiedliche goldene Ketten, die eigentlich für Abflüsse gedacht waren, rasierten mir die Haare seitlich ab und zogen mir eine Latzhose an. Ein weiteres Idol war geboren. Nur stark und muskulös wie B.A. war ich leider nie, im Gegenteil, eher dünn und ein Träumer. B.A. wurde dementsprechend schnell durch Michael Jackson abgelöst. Wenngleich ich die Musik von Michael Jackson noch einige Jahre genoss, so wurde sein Poster nach einer Weile durch das von Martin Luther King Jr. ausgetauscht, der bis zu meinem Auszug nach dem Abitur die Zimmerwand schmückte und mich auch in meinen ersten Jahren in Hamburg begleitete.

Die Hautfarbe spielte also für mich als Schwarzes Kind in einer komplett weißen Welt eine gewichtige Rolle. Schwarze Vorbilder gab es wenige aus Deutschland. Offenbar war ich damals auf der Suche. Eine Suche, die oftmals bei bekannten Widerstands- und Freiheitskämpfern endete und verdeutlicht, dass es damals für mich kaum Alternativen gab. Martin Luther King, Malcolm X und Nelson Mandela wurden meine großen Leitbilder in der Jugend. Drei politische Aktivisten, die vom System und der Mehrheitsgesellschaft in ihren Ländern gehasst und bekämpft wurden und einen unerbittlichen Kampf für Gerechtigkeit bestritten. Der Schleier, der über mir lag, war ein anderer, ein weniger eindeutiger Kampf für Gerechtigkeit und Humanität. Bis heute ist es das Gefühl, dass meine Hautfarbe Menschen irritiert und vor allem Assoziationen bei ihnen auslöst, die negativ besetzt sind. Und das Gefühl, mit diesen negativen Emotionen allein umgehen zu müssen. Vor allem weil Rassismus nicht immer offensichtlich ist, war und ist es umso schwerer, darüber zu reden.

Letztlich war meine Umgebung in meiner Kindheit und Jugend weiß, damit wurde ein Austausch über die Verletzungen von Rassismus schwierig, mit meinen Eltern, mit Freund*innen oder Bekannten. Umso wichtiger war für mich der Halt, den wichtige historische

Personen mir gaben. Von denen ich mir einen Werte- und Haltungs-kanon abschauen und die ich bewundern konnte, auch im Wissen, dass ihr Kampf ein tatsächlicher Kampf war, nicht nur für sich, sondern für die gesamte unterdrückte Gruppe der Schwarzen.

Selbstverständlich kann man auch Musiker*innen oder Sportler*innen als Vorbild haben und alles dafür tun, üben und trainieren, um seinem Vorbild näher zu kommen. Wie sie jedoch in einer wahrlich ungerechten Welt zu leben und dagegen anzukämpfen war die Motivation, die mich inspirierte. Diese Vorbildfunktion basiert aber letztlich nur auf ihrem politischen Einsatz, weniger darauf, wer und wie sie insgesamt als Personen waren, denn auch sie waren komplexe und widersprüchliche Figuren. Mich begeisterten vor allem ihre Sichtweisen und ihr Aktivismus, wie sie in ihrer Welt als Schwarze lebten und für Gerechtigkeit einstanden.

Wenn Vorbilder als Leitbild für die eigene Entwicklung dienen, so würde ich sagen, dass Martin Luther King und seine Idee des gewaltfreien Widerstands und des Miteinanders mich nachhaltig prägten und ich seine Haltung besonders bewundernswert und nachahmungswürdig fand. Für mich als Teenager war schnell klar, dass ich mich als kleiner Jünger der King-Schule sah, im Gegensatz zu den radikaleren Ansätzen von Malcolm X, der sich vom gewaltfreien Protest distanzierte.

Damals nahm ich nur diese zwei Seiten wahr, als ob ich mich hätte entscheiden müssen. Sicherlich geprägt von der weißen Sozialisierung in meiner Familie und in Ostfriesland, ging und geht es mir immer um ein Miteinander, weniger um das Abklopfen und Stärken der eigenen sozialen Gruppe. Damit meine ich, dass ich einen Kompromiss immer schon als guten Weg sah. Dies ist nicht als Kritik zu verstehen, eher als Verständnis und Ergebnis meiner weißen Sozialisierung.

Allein unter Weißen, wie sollte ich auch anders (über-)leben können, ich war früh überzeugt: Es geht nur miteinander. Es hätte damals als Kind und Jugendlicher enorm gutgetan, eine Schwarze Peer-Group zu haben, um sich über diskriminierende Erfahrungen auszutauschen und sich schlichtweg nicht alleine zu fühlen. Eine Erfahrung, die ich bis heute sehr selten erlebe.

Heute spüre ich Nuancen von diesem guten Gefühl des Austauschs, des »Untertauchens«, zum Beispiel bei Treffen der Initiative »BLACK DADS GERMANY« (BDG), einem Zusammenschluss Schwarzer Väter. Untertauchen ist für mich, wenn wir uns gemeinsam mit unseren Kindern auf einem Spielplatz mitten in München treffen und meine Tochter auch mal andere Schwarze Männer sieht. Genau diese Väter, wenn sie in größeren Gruppen auf einem Spielplatz zusammenkommen, erzählen eine neue Geschichte vom Schwarzen Mann und bieten eine Projektionsfläche für neue Narrative und Assoziationen. Sie sind, so wie sie auf dem Spielplatz mit ihren Kindern gemeinsam spielen, die idealen Vorbilder, nicht nur für ihre Kinder, auch für die weiße Umgebung.

Fremd im eigenen Land.

Neben den erwähnten Vorbildern gab es in meiner Sozialisation einen weiteren und durchaus präsenteren und einflussnehmenden Aspekt: die HipHop-Kultur, die bereits in meiner Jugendzeit in mein Leben Einzug hielt.

HipHop bringt bekanntlich viel mit, um sich als Schwarzer dieser Kultur hinzugeben. Sie ist Teil der Schwarzen Identität in den USA und eine zentrale Ausdrucksform vieler unterdrückter Menschen. Meine ganz persönliche Verbindung zur HipHop-Kultur entsprang daher auch nicht nur aus der Musik. Es waren und sind definitiv die gesamtkulturellen Aspekte über die Musik hinaus, die Entstehungsgeschichte und die Hauptinterpret*innen aus den USA, die mit HipHop einhergehen.

HipHop lebt eine Kultur, in der es viel um Identität und Identifikation geht. Fragen nach Herkunft und Respekt sind wiederkehrende inhaltliche Elemente im Rap. So stand HipHop ursprünglich als

Ausdrucksform einer Minderheit, die sich dadurch artikulierte und Gehör verschaffte. Das »CNN der Schwarzen«, um mit den Worten von Chuck D von Public Enemy zu sprechen. Mein erstes Musiktape war zwar von Terence Trent D'Arby, nach Michael Jackson kam aber in der Jugend schnell HipHop dazu, den ich aufsog und in dem ich mich buchstäblich wiederfand. Er inspirierte mich so stark, dass ich selbst aktiv wurde. Die erste Rap-Musik, die ich hörte, kam aus dem Entstehungsland USA, doch dann entdeckte ich bald den damals noch kleinen, aber rasch wachsenden deutschen HipHop-Markt.

Ist es so ungewöhnlich, wenn ein Afro-Deutscher seine Sprache spricht
Und nicht so blass ist im Gesicht?
Das Problem sind die Ideen im System
Ein echter Deutscher muss auch richtig deutsch aussehen
Blaue Augen, blondes Haar keine Gefahr
Gab's da nicht 'ne Zeit wo's schon mal so war?
»Gehst du mal später zurück in deine Heimat?«
»Wohin? Nach Heidelberg? Wo ich ein Heim hab?«
»Nein, du weißt, was ich mein ...«

So rappten es die Deutschrap-Pioniere *Advanced Chemistry* im Klassiker »Fremd im eigenen Land« aus dem Jahr 1992. Zeilen, die ich damals und auch noch heute unterschreiben kann. Sie haben nun mal ihre Aktualität nicht verloren. Aber vor allem zu dieser Zeit als Teenager zeigten sie mir auf, dass es Menschen in meinem Land gab, die ähnliche Fragen an sich stellten wie nach der vermeintlich richtigen Herkunft, denn all das gehörte selbstverständlich auch in meinen jugendlichen Alltag. Sie formulierten nicht nur in ihrer Musik Ängste vor Rechtsextremen – schließlich war es die Zeit von einer furchtbaren rechtsextremen Gewaltwelle in Rostock (1992), Mölln (1992) und Solingen (1993) –, sondern konnten durch die

Advanced Chemistry = 1987 in Heidelberg gegründete HipHop-Gruppe, urspr. bestehend aus Toni L, Linguist, Gee One, DJ Mike MD und Torch.

emotionale Kraft der Musik ein Gefühl zum Ausdruck bringen, was ich schon lange in mir trug.

Es waren Schwarze, die dort rappten, nicht aus den USA, sondern hier aus Deutschland, die zudem von vielen in der Szene hoch angesehen wurden und als Pioniere galten. Hier funktionierte die Identifikation für mich geradewegs, sie kamen auch aus Deutschland, zwar nicht aus dem Norden, aber sie wussten, wie man sich als junger Schwarzer Mensch in diesem Land fühlt.

Identität und HipHop.

HipHop, eine Kultur, die es mir einfach machte, sie als Identifikationsmittel und Empowerment-Element anzunehmen. Ich versuchte mich also darin, einen aktiven und nicht passiv konsumierenden Part einzunehmen. Mir selbst wurde leider klar – nach einigen intensiven Versuchen in fast allen Elementen des HipHops: Rap, Grafitti, Breakdance –, dass ich mich dabei mangels Talent doch auf das weniger Künstlerische konzentrieren sollte.

Also begann ich damit, Veranstaltungen zu organisieren. Als ich 16 Jahre alt war, fand die erste HipHop-Jam im Jugendzentrum Aurich statt. Wir waren zu dritt, und anschließend schlossen sich weitere Freunde an, um die HipHop-Kultur in der kleinen Provinzstadt aufleben zu lassen. Damals ein Novum in der traditionell von Hardcore-Musik dominierten Konzertszene des Landkreises. Aber ein akzeptiertes Novum, das positiven Anklang beim Publikum fand und aus dem sich schnell eine Gruppe von Jugendlichen formierte, die fortan regelmäßig Jams organisierte und so lokale Bands unterstützte und förderte.

Diese einzelnen Bausteine in meiner Identitätsfindung, von HipHop bis Martin Luther King, sind nicht nur meine Wegbegleiter gewesen, sondern haben mir Halt für die Bewältigung der unterschiedlichen Entwicklungsaufgaben gegeben, die Teenager in dieser Lebensphase zu bewerkstelligen haben. Sowohl die Ablösung vom

Elternhaus als dann auch die Versöhnung mit den Eltern, das Finden der eigenen Sexualität, der Aufbau und die Suche eines eigenen und weniger von den Eltern geprägten Werte- und Normensystems, all diese Entwicklungsaufgaben tragen zur Identitätsbildung bei.

Die Frage, ob ich als weiße Person der gleiche Mensch wäre, erübrigte sich im Laufe meiner Teenager-Zeit zunehmend. Schwarzsein gehörte für mich zum Leben dazu und in diesem Zusammenhang auch King und die HipHop-Kultur, die mich mit diesem Gefühl nicht allein ließen. Die Identitätsfindung als Schwarzer verlief also ohne direkten Einfluss anderer Schwarzer Menschen. Was mich als Schwarzen Menschen ausmacht, habe ich mir selbst beigebracht. Dazu gehörte gleichzeitig, sich nicht darüber zu definieren und ihre Rolle für mein Leben herunterzuspielen. Auch meine Herkunft soll keinen großen Raum für meine Identitätsfindung einnehmen.

Identitätsbildung vollzieht sich in einem Wechselspiel zwischen Selbstverständnis und Fremdzuschreibung aus der Gesellschaft heraus. Wer möchte ich sein, und was wird mir zugeschrieben? Vor allem für mich als Schwarzer war die Fremdzuschreibung ein schwerer Treiber, der täglich auf mich einprasselte. Als Teenager erschien es von außen ganz selbstverständlich, dass ich HipHop mochte und mich dieser Kultur zuwandte. Was für ein Bild wäre es gewesen, wenn ich Hardcore-Musik gehört und Konzerte in diesem Bereich organisiert hätte?

HipHop und Schwarzsein passt nun mal für viele Menschen gut zusammen. Dass ich mit dieser Zuschreibung nicht vollends einverstanden war, zeigte sich, indem ich beispielsweise die Mode der Kultur nicht für mich annahm. Mein Style, für Jugendliche stets ein wichtiges Distinktionsmittel, war weitestgehend angepasst und unaufgeregt, ohne Baggy Pants, dicke Daunen-Jacken oder Baseballcap. Ich blieb bei der gerade geschnittenen Jeans und schlichten Pullovern, die ich auch schon trug, bevor ich HipHop für mich entdeckte. Somit entsprach ich in den 90er-Jahren nicht der Mode und tat dies auch bewusst: Das Bild des Schwarzen HipHop-Jungen vom Dorf wollte ich niemandem schenken.

Meine Perle.

Direkt nach meinem Abitur machte ich mich auf nach Hamburg. Wollte genau dorthin, in die liberale Großstadt, in der ich eine Spur mehr untergehe, in der ich vielleicht nicht einer von vielen, aber zumindest einer von ein wenig mehr Schwarzen Menschen bin. Hamburg, die Hafenstadt, ist für diesen Wunsch ein passender Anlaufpunkt. Sie ist geprägt von einem über Jahrzehnte und Jahrhunderte erprobten Zusammenleben von Kulturen und Subkulturen, die hier gemeinsam nebeneinander und bestenfalls miteinander leben. Kurzum: Die Großstadt als Brennglas gesellschaftlicher Entwicklungen in einem Land.

Die Frage, was Vielfalt in der Großstadt bedeutet, ist wichtig, nicht zuletzt, weil Deutschland ein Einwanderungsland ist. Angefangen von den Gastarbeiter*innen der 50er- bis 70er-Jahre über die Geflüchteten 2015 bis zu den aktuellen Kriegsgeflüchteten aus der Ukraine. Deutschland rangiert in den letzten Jahren unter den Top 3 der beliebtesten Einwanderungsländer weltweit. Unsere Gesellschaft verändert sich allein dadurch stetig. 2015 kamen etwa in einem vergleichsweise kurzen Zeitraum 900 000 Menschen nach Deutschland, um Schutz zu suchen.

Ebenso wird der Angriffskrieg Russlands auf die Ukraine und die Ankunft von Geflüchteten, die dadurch entsteht (Ende April 2022 waren es bereits 610 000 Menschen), die deutsche Gesellschaft in kurzer Zeit wieder erheblich verändern. Auch wenn davon ausgegangen werden kann, dass viele der Geflüchteten wieder in ihre Heimatländer zurückkehren, so werden sie einen Fußabdruck in den jeweiligen Ländern hinterlassen, und ein beträchtlicher Teil wird auch in Deutschland bleiben –, und wenn allein aus dem Grund, dass der Krieg und das Leid in ihrem Heimatland andauern.

Zu beobachten ist bei alledem, dass Migrant*innen und Geflüchtete die Großstadt als erste Anlaufstelle sehen. Es ist nachvollziehbar, dass man erst in die Stadt geht, an Orte, an denen vielleicht bereits eine Diaspora aus dem Herkunftsland lebt. So stellen Menschen auch Unterstützung und ein Stück Heimatgefühl in der Fremde sicher. Dies trifft natürlich nur in Fällen zu, in denen die Menschen ihren Aufenthaltsort selbst bestimmen können, wie bei den ukrainischen Geflüchteten.

(Zusammen-)Leben in der Stadt.

Damit gelebte Vielfalt in einer Stadt funktioniert, müssen aber Bedingungen erfüllt werden, und zwar auf beiden Seiten, von denen, die ankommen, und auch von denen, die bereits vor Ort leben. Also wie werden die neuen Mitbürger*innen im alltäglichen Leben eingebunden, können sie arbeiten, gehen die Kinder zur Schule, oder können sie am politischen System in irgendeiner Form partizipieren? Zudem kommt die Dimension der Chancengleichheit und Teilhabe dazu. Also welche Formen der Segregation gibt es in einer Stadt, oder wurden diese abgebaut? Dabei geht es beispielsweise auch ums Wohnen, um keine sozialen Unterschiede entstehen zu lassen. Wie gerecht und sozial ist also eine Stadt? Nicht nur in Bezug auf Migrant*innen, sondern selbstverständlich für alle Bürger*innen.

Vor allem in teuren Städten führen die hohen Mietpreise dazu, dass es zu einer sozialen und ethnischen Segregation kommt – Menschen begegnen sich nicht mehr. Schaue ich mein jetziges Leben in München an, so ist dies in Teilen der Fall. Die Menschen, die unsere Büros reinigen, unsere Straßen kehren und den Park pflegen, sind oftmals nicht weiß und sprechen kaum Deutsch. Sie sieht man ansonsten nicht, wenn man sich in den bekannten Vierteln vermehrt aufhält. Ich zumindest treffe sie selten beim Picknick im Englischen Garten,

Weintrinken auf dem Viktualienmarkt oder Spazieren in Schwabing. Wenn der Wohnraum zu teuer wird und auch die Randbezirke schlecht angebunden sind, leben Menschen nebeneinanderher ohne jegliche Berührungspunkte. Vor allem verstärkt diese Trennung vorurteilsbehaftetes Denken, andere Kulturen werden falsch eingeschätzt oder gar nicht kennengelernt und damit auch schnell stigmatisiert.

Fakt ist, dass in einem reichen Land wie Deutschland der Wohnort und der Bildungsabschluss der Eltern maßgeblich mit dafür verantwortlich sind, ob jemand sozial aufsteigt oder nicht. Ein Kind, das in Berlin-Neukölln aufgewachsen ist und dessen Eltern einen Hauptschulabschluss gemacht haben, hat sehr geringe Chancen, selbst Akademiker*in zu werden und eine gemeinhin erfolgreiche Karriere zu machen.

»*Zur Realität kulturell vielfältiger Gesellschaften gehört, dass das Streben nach einer erfolgreichen Gestaltung von Vielfalt meist aus einem Zustand der Ungleichheit heraus beginnt und diese häufig bestehen bleibt.*«[2]

In Städten verdichtet sich alles, und dennoch waren sie auch Anziehungspunkt meiner nächsten Lebensstation. Nach dem Land die Großstadt, die ich auch bisher nicht verlassen habe.

Hamburg.

Hamburg fühlte sich bereits während meiner Schulzeit richtig an. So stand ich bereits als 18-Jähriger in der S-Bahn in Hamburg, damals noch zu Besuch. Neben mir mein älterer Bruder und sein bester Freund, der uns beherbergte und mir auch zukünftig ein Wegweiser war, um die große Stadt zu erkunden. Ich besuchte zwei oder drei Mal mit meinem Bruder HipHop-Veranstaltungen in Hamburg und machte mich aus der Provinz auf den weiten Weg in die große Stadt.

Diese Reisen waren die Initialzündung für die Entscheidung, nach dem Abitur nach Hamburg zu ziehen.

Die Großstadt als Hoffnungsort für meine persönliche Entfaltung. Vom ersten Tag an war daher Hamburg meine Perle und sollte dies auch lange bleiben.

Zivildienst, Studium und später auch einige Arbeitsorte, hier durchlief ich so viele prägende Stationen meines Lebens, die mich bis heute ausmachen. Meine Zeit in Hamburg führt deshalb bis heute dazu, dass ich mich auch als Hamburger begreife. Die eigene Identität ist stets facettenreich, sowohl Ostfriesland als auch Hamburg erzeugen in mir ein Heimatgefühl, wenn es überhaupt dieses Begriffs bedarf. Dabei geht es mir nicht volkskundlich um Bräuche oder Traditionen, sondern um die Menschen, die einem ein gutes Gefühl des Ankommens, des Dazugehörens und der Freiheit geben, so zu sein, wie man ist oder sein möchte. Selbstverständlich ist es aber auch eine Idealisierung und Sehnsucht. Häufig kommt das Gefühl der Heimat dann auf, wenn man sich von seinem bisherigen Lebensmittelpunkt entfernt und zum Beispiel die vermeintlich heile Welt, in der man früher als Kind lebte, hinter sich lässt.

Wenn ich nach meiner Heimat gefragt werde, was mir relativ häufig passiert, sage ich zwar meist, dass ich Ostfriese bin, fühle mich im Herzen aber ebenso als Hamburger.

In Hamburg habe ich genauso lang gelebt wie in Ostfriesland. Hamburg hat mich geformt, selbstverständlich auch der Zeiten geschuldet, die ich dort verbracht habe – Zivildienst und Studium als klassische Leitplanken der Persönlichkeitsbildung.

Meine erste WG, zu zweit mit einer Frau auf circa 60 Quadratmetern. Nach der familiären Umgebung des Dorfs, musste ich das Leben in Eimsbüttel in der WG neu aushandeln. Das ging meist ohne Probleme, und diese Zeit ist noch immer mit Erinnerungen an viel Harmonie geprägt. Ich wollte meinem Bild eines »richtigen jungen Großstädters« entsprechen, kaufte beim türkischen Gemüsehändler ums Eck oder im Biomarkt ein, als Politikstudent war die TAZ mein obligatorischer Begleiter der ersten Jahre. Die vielen neuen, lebendigen Eindrücke fühlten sich richtig an, ein Gefühl, was vielleicht viele Menschen teilen, die nach dem Abitur vom Land in die Großstadt ziehen.

Das Studium begann und damit ein neues Leben. Nur noch das lernen, was man wirklich will. Das Studium zur damaligen Zeit (es waren die frühen Nullerjahre) bedeutete noch, Kurse und Themen selbst nach den eigenen Interessen auszusuchen. Idealistisch und überzeugt studierte ich Politik auf Diplom mit der simplen und fast schon naiven Motivation, die Welt und ihre Konflikte ein Stück weit besser verstehen zu können.

Neben dem Studium begann ich, im legendären Pudel-Klub zu arbeiten. Hamburger Kulturgrößen wie Rocko Schamoni, Jacques Palminger, Viktor Marek oder DJ Patex waren plötzlich Bekannte und wurden zu Freunden. Dies erwähne ich, weil diese Studentenzeit gerade für mich als Landei prägend war und wesentlich zu meiner Identitätsbildung beitrug. Das universitäre Umfeld, die Arbeit im angesagten Club, der von vielen Kulturschaffenden geprägt ist, erzeugte für mich eine Aura, in der ich mich gern bewegte und in der Diskriminierungsthemen nicht vordergründig waren. Also auch ein sicherer Hafen, in dem ich mich in Ruhe weiterentwickeln konnte.

Golden Pudel Club = ökonomisch unabhängiger Ort für Musik, Kunst, Performance und vor allem Kommunikation über alle sozialen Milieus hinweg. Seit 1994 am St. Pauli Fischmarkt 27, eingebettet in Park Fiction.

Rassismus und die heile Welt.

In der Großstadt gelandet, standen alle Zeichen auf einer Neuinterpretation des Ichs, einer Neufindung und Suche, wie ich leben wollte. Die Bedingungen dazu, ergänzt und bereichert von tollen Menschen, waren nahezu ideal. Die Freund*innen aus dem Studium und das nächtliche Leben hinter der Bar im kreativen Hotspot der Stadt, betteten mich in einen Kokon der wohligen Akzeptanz. Genau darin liegt auch die Krux: Alles war gut und fühlte sich gut an, solange ich mich zwischen Universität, Pudel und meinem Kiez Eimsbüttel (später auch Altona) bewegte.

Eine wohlhabende Stadt, die eine historisch eroberte Weltoffenheit mit einer Brise nordischer Arroganz zelebriert. Eine Stadt, in welcher der Hanseat sich grundsätzlich zu schade ist, irgendwen zweimal anzuschauen. Man ist sich selbst genug. Zu behaupten, dass in Hamburg Vielfalt durch Arroganz gelebt wird, wäre natürlich zu überspitzt. Polemisch interpretiert fühlt es sich für mich jedoch manchmal so an. Es ist mein Pseudowissen, meine Verallgemeinerung und Verklärung einer sehr schönen Stadt, in der ich eine sehr schöne Zeit meines Lebens verbrachte.

Hamburg hinterließ insgesamt ein gutes Gefühl, was auch daran liegt, dass ich ein Stück weit dort groß geworden bin. Ein Umfeld, das ein Gefühl der Geborgenheit und Zugehörigkeit auslöste. Ohne sentimental zu klingen, aber es gab mir den Raum, mich nicht fortlaufend mit meinem vermeintlichen Anderssein auseinandersetzen zu müssen. Umso gravierender waren die Erlebnisse, wenn dieser Raum und Rahmen zerbrochen wurde und die andere Realität ihr Gesicht zeigte.

Auch die Hansestadt ist von solchen Momenten nicht frei. Eines Nachts in den ersten Jahren meines Studentenlebens, mit Freunden im Kiez in St. Pauli unterwegs. Wir schlenderten in einer größeren Gruppe über die studentische Bar-Meile Hamburger Berg. Eigentlich ein Schmelztiegel von sehr unterschiedlichen feierwütigen jungen Menschen. Dicht an dicht ist jede Bar, Bürgersteige voller Leute, die sich von einer in die nächste Bar drängten. Keine richtigen Clubs, eher Bars mit Tanzfläche, meist wurde kein Eintritt verlangt, damals ohne erhebliche Hürden beim Reinkommen.

Ein Teil unserer Gruppe war bereits in einer dieser Bars verschwunden. Ich unterhielt mich noch mit den anderen vorm Eingang. Als auch ich reinwollte, winkte der Türsteher mit den Worten ab, dass heute nur Clubmitglieder Zugang hätten. Verdutzt schauten wir ihn an und wiesen selbstverständlich darauf hin, dass ja bereits ein Teil unserer Gruppe drin feierte, die sicher keine Mitglieder in irgendeinem Club waren. Nach längerer Diskussion rückte er mit der Wahrheit raus: »Sorry, aber ich habe die Auflage, heute keine Schwarzen mehr reinzulassen.« Wir, und vor allem ich, waren baff – an diesem Ort, in dieser Stadt, zu diesem Zeitpunkt kam es einfach überraschend. Wir zogen weiter, und ich beendete voller Enttäuschung den Abend. Dabei ist mir solch eine Situation nicht fremd, und solche Geschichten gibt es seit Jahren zuhauf, vielleicht können sie einige sogar nicht mehr hören, die Erfahrungen mit rassistischen Türsteher*innen und Clubbetreiber*innen. Dieses Ereignis zeigte mir aber, dass ich mich nie in Sicherheit wiegen darf, dass diese rassistischen Momente immer und überall passieren. Auch an Orten, die mir eigentlich guttun, an denen ich nicht täglich über mein Schwarzsein reden oder darüber nachdenken muss.

Außerhalb vom Kokon.

Wir haben uns überlegt, wir wandern Himmelfahrt im Harz. Auf der Seite der ehemaligen DDR laufen wir die schönen alten Bergbau-Städte ab.« Einmal im Jahr breche ich mit zwei meiner besten Freunde zum Wandern auf, jedes Mal suchen wir uns eine andere Ecke Deutschlands aus. Das Verlassen des heimeligen Kokons erzeugt bei mir meistens kurze Nervosität. Ob das eine gute Idee sei, fragte ich – leider erst am zweiten Tag der Wanderung, als uns am Himmelfahrtstag die ersten jungen, durchaus nicht nüchternen Männer begegneten. Leicht verständnislos schauten mich meine beiden weißen Freunde an.

Mir war es selbst unangenehm, es auszusprechen, denn prinzipiell ist es eine schöne Idee, und so viel sei vorweggesagt, es war eine fantastische und friedliche Wanderung, aber das Gefühl hielt an. Die Vorsicht, vor allem an diesem Feiertag, der vielerorts als »Männertag« mit möglichst viel Alkohol begangen wird, wanderte immer mit. Ob alles gut gehen wird, ob ein dummer Spruch kommt oder womöglich mehr? Dieses Gefühl der Abwägung, der Vorsicht und des Unbehagens, wenn der Kokon verlassen wird, reist häufig früher wie heute mit, wenn ich eine Reise plane.

2016 sollte es beispielsweise nach Griechenland gehen. Ein Jahr nachdem die Bilder von hunderttausenden Menschen in Schlauchbooten über die Bildschirme flimmerten, die sich übers Mittelmeer oder über die Türkei nach Europa durchschlugen. Menschen, die ihr Leben auf dem Seeweg riskierten, um dem Hunger in der Sahelzone und vor allem dem ewigen Krieg in Syrien zu entfliehen. »Flüchtlingsschwemme«, »Flüchtlingskatastrophe« und so weiter, so betitelten die

Medien diese humanitäre Katastrophe. Die Tonalität änderte sich schnell, von der Willkommenskultur zur Abschottungskultur. Ein mediales Feuerwerk der negativen Assoziationen begann. Vor allem Boulevardmedien und konservative bis rechte Parteien wie die AfD schürten die schiere Angst vor jeglichem Fremden. Die Menschen in Europa kannten für lange Zeit nur noch ein Thema, die Bilder in den Medien waren geprägt von flüchtenden Menschen aus Syrien, Afghanistan und Afrika.

Wenn ich meinen Kokon verließ und in fremden Städten oder Dörfern durch die Straßen lief, wenn weiße Menschen mich anstarrten, überkam mich oftmals, der Reflex, ihnen mitteilen zu wollen, dass ich doch einer von ihnen bin. Dieser Gedanke der Assimilation kann als Ausgeburt des historisch gewachsenen Rassismus verstanden werden, dem ich mein Leben lang begegne.

Die Situation der Geflüchteten 2015/2016 bewegte mich, ich half, vom rechten Lager als »Gutmensch« verschrien, am Hamburger Hauptbahnhof aus. »Gutmensch«, dass der Wille Gutes zu tun als Schimpfwort umgedeutet wurde, ist eine erschreckende Entwicklung, die die Stimmung und das Gedankengerüst gegenüber den damaligen Geflüchteten auch verdeutlicht.

Genau zu dieser Zeit wollte ich nicht nach Griechenland oder Italien reisen. Vor dem Hintergrund, dass vor allem zu dieser Zeit Schwarze Menschen massiv abgewertet und stigmatisiert wurden, fragte ich mich verstärkt, wie ich wahrgenommen, welche Herkunft und Geschichte mir im ersten Augenblick angeheftet wurden. So weit war es also gekommen: Eine globale Krise von Menschen in Leid führte dazu, dass ich mich nicht traute, in den Ländern Urlaub zu machen, die stark von Erstankömmlingen betroffen waren. Die Angst, dort selbst Rassismus zu erleiden, war einfach zu präsent. Die weltweiten Bewegungen von Menschen auf der Flucht hatten und haben also auch Auswirkungen auf meinen Mikrokosmos und auf die Entscheidung, wo ich wie Urlaub mache.

Fußball und Vorurteil.

Dass bei mir Gefühle aufkommen, möglicherweise stigmatisiert zu werden, und damit mein Handeln hemmen, begründet sich auch durch meine und unser aller Sozialisierung. Es geht um stereotype Annahmen, die mit Schwarzen Menschen verbunden werden und im alltäglichen Umgang zum Vorschein kommen. Schwarz = geflüchtet, Schwarz = kriminell, Schwarz = locker, athletisch, groß und so weiter. Es ist ein stetiger innerer Kampf gegen Stereotype in den Köpfen meiner meist weißen Mitmenschen, sie sind da und leider schwer zu durchbrechen.

Nach einem Terroranschlag, über den in der Tagesschau berichtet wird und bei dem der oder die Täter*innen gezeigt werden, bin ich froh, wenn sie nicht Schwarz sind. Sind sie es doch, spüre ich am nächsten Tag richtig, wie mich Menschen im öffentlichen Nahverkehr anstarren und ihre Ängste auf mich projizieren. Ich bin es nicht, will ich manchmal schreien. Ich bin doch einer von euch!

Zurück zu schönen Dingen, zum Urlaub. Sowohl Griechenland, Italien und auch der Wanderurlaub im Harz waren hingegen und entgegen des ersten Gefühls wunderbare Urlaube. Selbstverständlich kann es Glück sein, und es war schließlich auch kein Besuch in der Fankurve von Lazio Rom, es zeigt aber, dass die Bilder der Medien und meine Erfahrungen mich in ein gedankliches Korsett der Angst pressen.

Als Schalke noch in der ersten Bundesliga ansehnlichen Fußball spielte, nahm mich einer meiner besten Freunde mit zu einem Spiel seines Lieblingsvereins. Er wollte mir nicht nur ein Fußballspiel zugutekommen lassen, sondern mir auch seine Heimat rund um Gelsenkirchen zeigen. Der Ruhrpott war für mich bis zu diesem Zeitpunkt weitestgehend unbekannt. Die größeren Nachbarstädte der Region wie Köln oder Düsseldorf kannte ich selbstverständlich, aber so wirklich im Pott war ich bis zu dem Zeitpunkt tatsächlich nie gewesen. Was in Anbetracht der Anzahl von 12 Millionen Menschen, die dort leben, fast schon beschämend ist.

Warum immer nur die klassischen Hotspots wie Berlin oder Hamburg besuchen, schließlich hat diese Region nicht nur eine spannende sozioökonomische Historie, sondern auch kulturell viel zu bieten, wie beispielsweise die berühmten Fußballvereine mit ihrer ganz besonderen Stimmung. Der FC Schalke 04, der fünftgrößte Fußballclub der Welt, machte für mich die Tore auf. Wir sollten mitten in der Nordkurve stehen, mittendrin zwischen den echten Fans, die für diesen Verein leben.

Die Identifikation und die Verzahnung zwischen der Region und dem Verein ist wahnsinnig eng, wie bei kaum einem anderen Bundesligaverein (selbstverständlich noch beim größten Rivalen, aber das ist jetzt hier nicht das Thema). Die Schalker Fankultur ist pure Leidenschaft und Emotion und, da es nicht immer erfolgreich zugeht, oft auch schmerzhaft. Ebenso ist es aber auch ein Verein, der in gewissen Abständen durch rassistische Vorfälle durch die Fans in den Medien steht.

2020 wurde ein Spieler vom Hertha BSC Berlin, Jordan Torunarigha, von der Schalker Tribüne aus rassistisch beleidigt. So schlimm rassistisch beleidigt, dass er noch auf dem Platz in Tränen ausbrach. Ein Jahr später beim Auftaktspiel in der zweiten Bundesliga gegen den Hamburger SV wurde der HSV-Stürmer David Kinsombi mit Affenlauten beschimpft, sobald er am Ball war. Und nicht zuletzt der Rassismus-Skandal um den langjährigen Aufsichtsratsvorsitzenden Clemens Tönnies, der mit seiner damaligen Äußerung (»Dann würden die Afrikaner aufhören, Bäume zu fällen, und sie hören auf, wenn's dunkel ist, Kinder zu produzieren.«) zudem gut widerspiegelt, welche althergebrachten und vor allem rassistischen Bilder viele Menschen noch immer in ihren Köpfen haben. Natürlich meinte auch Tönnies das nicht ganz ernst in diesem Moment, wie er anschließend behauptete. Die öffentliche Aussage offenbart aber ein Gedankengut, was nach wie vor viele in sich tragen, auch wenn sie es nicht wahrhaben möchten. Dies wird komplementiert dadurch, dass Tönnies nicht wegen dieser unsäglichen Äußerungen seinen Platz im Aufsichtsrat räumen musste, sondern wegen der unwürdigen Zustände in seinen Fleischfabriken.

Tribünen von Fußballstadien zeigen manche Abgründe menschlichen Verhaltens. Es sind aber auch Orte, an denen Zusammenhalt und Freude unvergleichlich ausgelebt werden können.

Ich bin ein Fan des SV Werder Bremen, ich kenne eigentlich eher eine fast schon studentische, links angehauchte und nordisch entspannte Atmosphäre aus dem Stadion. Nun machte ich mich auf in den Pott. Es kamen wieder diese Gefühle auf, die ich von den Urlaubsplanungen in unbekannte Gebiete kenne. Was könnte in der Ultra-Kurve auf Schalke passieren? Wie sind die Fans wirklich? Welche Sprüche werden mir reingedrückt, und muss ich alte Klamotten anziehen, falls wir nicht freudige Bierduschen, sondern eher missbilligende Bierduschen zu erwarten haben? Auch wenn Gerald Asamoah, eine Ikone auf Schalke, in dem sehenswerten Dokumentarfilm *Schwarze Adler* nicht über rassistische Anfeindungen auf Schalke sprach, sondern von Ereignissen in Cottbus, so blieb ein Gefühl der Unsicherheit bei mir bestehen.

Schwarze Adler = Dokumentarfilm von Torsten Körner aus dem Jahr 2021, begleitet Schwarze Fußballspieler der Deutschen Nationalmannschaft und lässt sie von ihren Erlebnissen berichten.

Wir machten uns bereits vormittags von Herten auf nach Gelsenkirchen. Wir waren anfangs zu dritt und fuhren mit dem Bus in die Stadt. Es war kurz vor elf Uhr morgens, Anpfiff 15:30 Uhr, der Bus war voll. Hunderte Menschen in Blau-Weiß, bereits am Vormittag. Nur als Vergleich ein Erlebnis aus München: Ich weiß nicht, welche Meisterschaft es war, aber es war der letzte Spieltag, und meine Freundin und ich wollten uns das Spiel Eintracht Frankfurt gegen den FC Bayern live im TV anschauen. Wir suchten nicht nur sehr lange ein Wirtshaus, das das Spiel überhaupt übertrug, auch in der Stadt spürte man nichts vom Spieltag. Geschweige denn davon, dass die eigene Mannschaft Meister werden würde. Ganz anders also als die Stimmung in Gelsenkirchen an einem regulären Spieltag, an dem es nicht einmal um eine Meisterschaft ging.

Gelsenkirchen, die Stadt, die zeitweise das westdeutsche Ranking der Großstädte mit der höchsten Arbeitslosenquote anführte. Eine Stadt, die nicht durch Prachtbauten, sondern durch funktionale graue Bauten hervorsticht. Wir stiegen aus dem Bus aus, in ein Meer von Blau-Weiß. Wohin das Auge reicht, Blau-Weiß waren die bestimmenden Farben. Auf der Veltins-Welle der Vorfreude ließen wir uns treiben und unterhielten uns mit den unterschiedlichsten Menschen. Angekommen im Stadion, getragen von der blau-weißen Welle hüpften wir einem langweiligen Unentschieden entgegen.

Nichts vernahm ich an bösen Blicken oder Kommentaren. Zwar blieben die Klamotten nicht trocken, aber nicht von unfreiwilligen Bierduschen, sondern vom Schweiß, durchs permanente Hüpfen und Grölen. Eine gute Sache im Übrigen bei Fußballvereinen, selbst wenn die Texte der Konkurrenz andere sind, so sind nicht wenige Melodien dann doch die gleichen. Der Tag endete damit, dass ich nachts in einer Kneipe in Gelsenkirchen mit drei älteren Herren über das Spiel sprach und ich ihnen von meinem Erlebnis auf Schalke berichtete. Von meiner Freude darüber, wie friedlich die Stimmung war, wie überrascht ich darüber war, mich zwischen den Ultras angenommen zu fühlen. Die »alten weißen Männer« waren gerührt, sie luden mich auf diverse weitere Spiele ein, und einer drückte sogar eine Träne mit den Worten weg: »Das tut gut, was du über unseren Verein sagst.«

Auf Schalke den Fußball zu feiern war eine schöne Erfahrung, obwohl ich mit Weißen unter Weißen war. Rückblickend würde mich interessieren, wie die Situation ausgegangen wäre, wenn ich mit einer Gruppe Schwarzer Männer in die Kurve gegangen wäre. So war es leichter gewesen, als »einer von ihnen«, ich war als Einzelner keine Bedrohung und etwas, womit man sich, überspitzt gesagt, vielleicht auch schmücken kann.

Wichtig ist aber, dass die Summe meiner Befürchtungen vorab, ob bezogen auf Reisen oder den Besuch im Stadion, unser von Stereotypen geleitetes Denken widerspiegelt. Denn meine Annahmen und Sorgen kommen ja von irgendwo her, sie sind real und stützen sich auf viele negative Erfahrungen, meine eigenen und die vieler anderer Schwarzer Menschen und PoC.

GESELLSCHAFT.

Aktuelle Lage.

Um nach diesen Einblicken in meinen eigenen Zugang zum Thema eingehender über Vielfalt oder Diversity allgemein zu sprechen, ist eine Definition vorab wichtig. Hinlänglich bekannt und meist als Erstes in Verbindung gebracht wird in Deutschland vor allem das Thema Migration. Verkürzt heißt das dann: Wenn »andere« Menschen »zu uns« kommen, haben wir Vielfalt. Wie leben Menschen, die in ein Land migrieren oder fliehen mit den Menschen zusammen, die bereits an dem Ort leben?

Gerade weil Vielfalt in meiner Denkweise oder vor allem auch für mein Leben viel bedeutet, frage auch ich mich, wie viele unterschiedliche Menschen frei von Diskriminierung miteinander zusammenleben können. Dabei zeigt sich schon das erste Problem: »Unterschiedliche Menschen« bedeutet nicht nur Herkunft oder Phänotyp, sondern umfasst deutlich mehr. In einem Dorf in Niederbayern kann es auch das Zusammenleben zwischen der Mehrheitsreligion der Katholiken mit dem vielleicht einzigen Evangelen sein. Lange Zeit war in Deutschland genau diese Frage, zwischen den beiden großen Religionen, eine, an der sich auch Debatten zur Vielfalt führen ließen. Das Thema und der seit einigen Jahren aufkommende mediale Diskurs zu Diversity verstärkte sich aber auch durch eine Individualisierung und Pluralisierung der Gesellschaft.

Die Gesellschaft hat sich im letzten Jahrzehnt rasant gewandelt. Der demografische Wandel führt ganz automatisch dazu, dass etwa Menschen unterschiedlicher Generationen miteinander arbeiten (müssen). Menschengruppen, die diskriminiert werden, erheben selbstbewusster ihre Stimme und verschaffen sich Gehör. Beispielsweise hat eine breitere Debatte über Geschlechtergerechtigkeit im Beruf stattgefunden, die vielleicht nicht immer jedem schmeckt, aber aufzeigt, dass neue Debatten an Relevanz gewinnen, die noch vor 10 oder 20 Jahren nicht in dieser medialen Breite geführt werden konnten. Zu diesem aufklärerischen Wandel der Gesellschaft gesellt sich aber auch eine zunehmende sozioökonomische Schere zwischen Arm und Reich beziehungsweise die zunehmende Verschmälerung der Mittelschicht. Dies führt dazu, dass das Thema Diversity eine enorme Spannbreite und Relevanz erhält. Diskriminierung und Barrieren verlaufen dabei nicht selten über Kreuzungen verschiedener Differenzdimensionen und sind dementsprechend intersektional.

Intersektional = unterschiedliche Formen der Diskriminierungen überlagern sich und können kreuzen. Es geht damit auch um Mehrfach-Diskriminierungen und die heterogenen Erfahrungen innerhalb marginalisierter Gruppen. Ein Schwarzer Mann mit Behinderung erleidet zum Beispiel auf unterschiedlichen Ebenen Diskriminierung, die sich nicht addieren, sondern individuell ganz unterschiedlich bemerkbar machen.

Das Thema Vielfalt kann aus vielen unterschiedlichen Perspektiven und mit Fokus auf verschiedene Entwicklungen betrachtet werden. Auch hier in diesem Buch werden nicht alle Aspekte behandelt, sondern vorrangig die Themenfelder, die mein Leben berühren – und das vieler anderer in Deutschland. Die finale Fragestellung ist aber bei allen Themenfeldern der Vielfalt ähnlich: Wie können wir in Vielfalt gerecht und vor allem in Akzeptanz (nicht nur in Toleranz) miteinander leben? Es geht also in erster Linie um uns, jeden einzelnen Menschen, seine Charakteristika und vielleicht unverrückbaren Merkmale. Simpel ausgedrückt, aber das passt an dieser Stelle gut: Es geht um den Menschen.

Akzeptanz vs. Toleranz = gutheißen, annehmen und anerkennen vs. dulden, ertragen, gelten lassen.

Ein Freund aus Berlin erzählt mir immer wieder, wie gern er in Berlin U-Bahn fährt und wie überrascht er immer wieder davon ist, so viele unterschiedliche Menschen zu sehen, trotz gleichförmiger Fashion Trends. Bei genauer Beobachtung ist nun mal jeder Mensch einzigartig und dies nicht nur äußerlich.

Es sind nicht die Unterschiede, die Vielfalt negativ besetzen, sondern die Wertungen, die viele in ihren Köpfen haben und damit Ängste sowie Ablehnungen projizieren. Ängste, die dazu führen, Ähnlichkeiten zu suchen, um sich mit »ihresgleichen« zusammenzutun. Sie bilden eine Gruppe, um im Chor andere Menschen(-gruppen) und ihre Charakteristika und Merkmale abzuwerten. Denn auch durch Ablehnung und Abgrenzung entsteht Zusammengehörigkeit – und diese vermittelt Stärke.

Erst recht spät, so empfinde ich es, hat auch die Politik verstanden, dass Formen der Diskriminierung in einer vielfältigen Gesellschaft wie der unseren geahndet werden müssen. So entstand erst 2006 das Allgemeine Gleichbehandlungsgesetz (AGG). Dieses Gesetz hat zum Ziel:

»Benachteiligungen aus Gründen der Rasse oder wegen der ethnischen Herkunft, des Geschlechts, der Religion oder Weltanschauung, einer Behinderung, des Alters oder der sexuellen Identität zu verhindern oder zu beseitigen«. [3]

Damit zeigt sich nochmal die Bandbreite davon, wie Vielfalt in unserer Gesellschaft aufgefasst wird und wie seitens der Politik Diskriminierung verortet wird. Es fällt am Gesetz ebenso auf, dass der Begriff »Rasse«, wie auch im Grundgesetz, verwendet wird. Was daran problematisch ist? Es impliziert ein Vorhandensein von Rassen, jedoch existieren Rassen unter Menschen nicht. [4] Die Antidiskriminierungsstelle des Bundes hat außerdem selbst angemerkt, dass sie den Begriff im Gesetz für falsch hält. Ebenso gab es bereits vor der Ampel-Koalition 2021 politische Bemühungen, den Begriff zu ersetzen, beispielsweise wie vom Deutschen Institut für Menschenrechte vorgeschlagen, durch »rassistisch«. Wie auch das Institut es formuliert, gibt es Rassismus, aber keine Rassen.

Die Vorstellung, dass ich mich vielleicht als Betroffener vor Gericht darauf berufen müsste, nicht aufgrund meiner »Rasse« diskriminiert zu werden, lässt mich erschaudern. Nicht nur, weil ich hypothetisch mal Betroffener sein könnte, sondern weil die Bezugnahme auf »Rasse« irreführend und falsch wäre und an sehr braune Zeiten in unserem Land erinnert.

Dimensionen von Vielfalt.

Für den Vielfaltsbegriff, der seit einigen Jahren immer geläufiger wird, lassen sich weitere sogenannte Diversity-Dimensionen dazuzählen. Diese Dimensionen prägen unsere Persönlichkeit, und sie sind bei genauer Betrachtung kaum veränderbar. Zugleich wandeln sich unsere Verortungen innerhalb der Dimensionen oftmals im Laufe des Lebens, zum Beispiel durch Migration, durchs Älterwerden, aber auch durch physische oder psychische Veränderungen.

Die Dimensionen zeigen letztlich auf, wie vielfältig wir alle sind, ganz gleich der phänotypischen Merkmale. Jeder Mensch trägt also Merkmale aller Dimensionen in sich.

Einen Verein möchte ich im Besonderen vorstellen, weil die Menschen dort Großartiges leisten: Die Charta der Vielfalt e. V. Sie ist die größte Arbeitgebendeninitiative Deutschlands zur Förderung von Diversity in Unternehmen und Institutionen, wurde 2006 ins Leben gerufen und will die Anerkennung und Einbeziehung von Vielfalt in der Arbeitskultur voranbringen. Ziel ist ein vorurteilsfreies Arbeitsumfeld und dass alle Beschäftigten – unabhängig von Alter, ethnischer Herkunft und Nationalität, Geschlecht und geschlechtlicher Identität, körperlichen und geistigen Fähigkeiten, Religion und Weltanschauung, sexueller Orientierung und sozialer Herkunft – Wertschätzung erfahren. Mehr als 4700 Organisationen haben die Charta der Vielfalt bis heute unterzeichnet – damit repräsentiert der Verein über 14,8 Millionen Beschäftigte. Unterstützt wird die Initiative von der Beauftragten der Bundesregierung für Migration, Flüchtlinge und Integration, Reem Alabali-Radovan. Bundeskanzler Olaf Scholz ist Schirmherr.

Herkunft und Nationalität.

Ich erwähnte bereits die **Dimension der Herkunft und der Nationalität.** In dieser Dimension zeigt sich der demografische Wandel Deutschlands besonders eindrücklich – aber auch die Teilhabebarrieren für marginalisierte Bevölkerungsgruppen: Obwohl gut ein Viertel aller Menschen in Deutschland einen sogenannten Migrationshintergrund haben, liegt ihr Anteil bezogen auf herausragende Stellungen in Wirtschaft und Politik bei nur etwa neun Prozent. Ein Blick in deutsche Großstädte zeigt zudem, dass die Bevölkerung sich hier noch rasanter verändert, denn hier liegt der Anteil von Menschen mit Migrationshintergrund nicht selten bei etwa 50 Prozent – gerade unter Kindern und Jugendlichen. Wie man den Begriff dreht und wendet, die deutsche Gesellschaft ist allein mit Blick auf diese Dimension als vielfältig zu bezeichnen. Vielfalt sollte deshalb nicht als wünschenswertes Ziel, sondern als reale Gegebenheit verstanden werden.

Migrationshintergrund = laut offizieller Definition: »Eine Person hat einen Migrationshintergrund, wenn sie selbst oder mindestens ein Elternteil nicht mit deutscher Staatsangehörigkeit geboren wurde. Im Einzelnen umfasst diese Definition zugewanderte und nicht zugewanderte Ausländerinnen und Ausländer, zugewanderte und nicht zugewanderte Eingebürgerte, (Spät-)Aussiedlerinnen und (Spät-)Aussiedler sowie die als Deutsche geborenen Nachkommen dieser Gruppen.« [5]

Diese Tatsache ist aber noch lange nicht in der Mitte der Gesellschaft angekommen, was sich in der Wirtschaft an den genannten neun Prozent offenbart. Dabei weiß man mittlerweile, dass sich speziell für Unternehmen Diversity-Management wirtschaftlich lohnt, das Zusammenspiel von heterogenen Teams erzeugt mehr Kreativität und zahlt sich langfristig auch finanziell für eine Firma aus. Unternehmen benötigen für eine nachhaltige Ausrichtung auch eine offene Unternehmenskultur, die die Verschiedenheit an Kulturen nicht nur zulässt, sondern Menschen im Unternehmen auch Wertschätzung entgegenbringt.

Alter.

Die Dimension **Alter** ist eine der Dimensionen, in denen sich unser Status über die Jahre und Jahrzehnte stets verändert. Sie ist offensichtlich, birgt aber vor allem im Berufsleben viel Konfliktpotenzial. Manchmal arbeiten heutzutage vier Generationen in einem Unternehmen zusammen. Diese lassen sich lakonisch wie folgt unterscheiden: die lapidar ausgedrückt karriereorientierten Boomer (geboren zwischen 1956-1965), die pragmatische und mit einem hohen Lebensstandard aufgewachsene Generation X (geboren zwischen 1966-1980), die Internet- und Technologie-affinen Millennials (geboren zwischen 1981-1999) und die idealistisch geprägte als auch freizeitliebende Generation Z (geboren ab 2000), die in den letzten Jahren durch die Fridays for Future-Bewegung zu einer gewissen Bekanntheit gelangte.

Menschen leben nicht nur länger, sie arbeiten auch länger. Und hinzu kommt, dass die Ausbildung, sei es in den Schulen oder Hochschulen und Universitäten, heute wesentlich kürzer ist als noch vor 15 Jahren. Der ewige Student, der 20 Semester studiert und mit Mitte dreißig sein erstes Praktikum macht, gehört der Vergangenheit an. Zwölf Schuljahre, zwei bis drei Jahre zum Bachelorabschluss, und ein*e Akademiker*in kann mit Anfang zwanzig in die Arbeitswelt einsteigen. Ausgerüstet mit dem Wissen über (neue) Medien, beispielsweise TikTok und Twitch, darf sie sich mit Kolleg*innen aus der Boomerzeit darüber unterhalten, wie diese Plattformen funktionieren und welchen Sinn sie etwa fürs Marketing des Unternehmens haben.

Geschlecht.

Eine zentrale Dimension, die quasi offensichtlich und die auch immer wieder Thema in den Medien ist, ist unser **Geschlecht** und die damit verbundenen Diskussionen. Welchem Geschlecht fühle ich mich zugehörig? Fühle ich mich überhaupt als Mann oder Frau? Welche Benachteiligungen erfahre ich aufgrund meines Geschlechts?

Ich würde behaupten, dass diese Dimension mit die zentralste ist in Deutschland. Wenn das Thema Diversity medial stattfindet, wird es oftmals mit den Themen »Gender Pay Gap« oder der »Frauenquote« in Zusammenhang gebracht.

Noch im September 2020 saßen in den Chefsesseln der 160 börsennotierten deutschen Unternehmen 603 Männer und 68 Frauen[6]. Schauen wir tiefer in die Thematik rein, sieht es nicht besser aus: Auch neue und junge Unternehmen, die gern als agiler und fortschrittlicher gelten, weisen die alten Muster auf, in denen Frauen nach wie vor benachteiligt sind. Um Teamdynamiken zu verändern, benötigt es einen 30-prozentigen Anteil der »anderen kritischen Masse«. Also braucht es für Vorstände und Geschäftsführungen einen 30-prozentigen Anteil an Frauen. Diesen Anteil haben in ihren Vorständen von den 30 deutschen DAX-Konzernen Anfang 2021 lediglich SAP und die Telekom erreichen können[7].

Beim Gender Pay Gap, also der Differenz des durchschnittlichen Bruttostundenverdienstes zwischen Frauen und Männern, sieht die Lage nicht erfreulicher aus. Das statistische Bundesamt ermittelte 2020, dass Frauen bundesweit 18 Prozent weniger verdienen als ihre männlichen Kollegen[8]. Dabei ist es gleichgültig, welche Branche genauer unter die Lupe genommen wird, überall verdienen Männer mehr als Frauen.

Diese Dimension und die Versäumnisse empfinde ich als so wichtig, weil es hier um eine Benachteiligung der Hälfte der deutschen Bevölkerung geht und weil Deutschland im Ländervergleich hierbei wirklich nicht gut dasteht – und dies bereits seit Jahren. Es ist ein vortreffliches Beispiel dafür, dass, obwohl viele CEOs gerne von mehr Chancengerechtigkeit sprechen, sich tatsächlich aber zu wenig verändert. Strukturen tatsächlich zu verändern ist also schwieriger und stößt gerade bei denen an Grenzen, die Macht und Verantwortung innehaben. Reden ist leider oftmals einfacher, als wirkungsvoll und langfristig etwas zu verändern.

Behinderung.

Wenn es nicht gerade um die »Aktion Mensch« geht oder andere karitative Initiativen oder Kampagnen, werden in der medialen Berichterstattung nur selten **Menschen mit Behinderung** gezeigt. Sie sind in der öffentlichen Wahrnehmung kaum präsent und wenn, dann separiert, für sich alleine stehend, wenn Unternehmen beispielsweise einen inklusiven Charakter nach außen kommunizieren wollen. Die Dimension Behinderung wird wortwörtlich ungern angeschaut[9]. Obwohl es 10,9 Millionen Menschen in Deutschland mit einer körperlichen oder geistigen Behinderung gibt, also jeder Neunte hiervon betroffen ist, sind sie nicht nur medial kaum vertreten, auch auf dem Arbeitsmarkt haben es Menschen mit Behinderung nach wie vor schwerer, an ihre gewünschten Jobs zu kommen. Sie sind durchschnittlich 100 Tage länger auf Arbeitssuche als ihre Kolleg*innen ohne Beeinträchtigung.

Sexuelle Orientierung.

Kommen wir zu einer weiteren Dimension, **sexuelle Orientierung,** eine zwar bekannte Dimension, die aber vor allem auch im Alltag und beruflichen Leben noch wenig sichtbar ist. Wer hat das letzte Mal auf dem Dorfplatz oder in einem anderen öffentlichen Raum ein homosexuelles Pärchen sich küssen sehen? Bilder, die immer noch selten sind. Trotz der vermeintlichen allgemeinen Akzeptanz für Homosexuelle, berichten immer noch sehr viele gleichgeschlechtliche Paare, dass sie schlichtweg keine Lust haben, in der Öffentlichkeit ihre Liebe zu zeigen, weil es immer noch diskriminierende Sprüche oder aufdringliche bis aggressive Blicke gibt. Und das sind keine subjektiven Einzelfälle, die weite Verbreitung von Homophobie und Queerfeindlichkeit in unserer Gesellschaft wird auch in Studien belegt: Noch 38 Prozent der Männer in Deutschland finden es unangenehm, wenn sich zwei Männer öffentlich küssen.[10]

Das offizielle Bekenntnis ist natürlich groß und in der breiten Öffentlichkeit anerkannt, wie in Form der bereits erwähnten Regenbogen-Fahne vor dem Firmengebäude oder als Aufkleber an Geschäftstüren. Nur schöne Symbole täuschen leider darüber hinweg, dass Homophobie gesellschaftlich akzeptierter ist, als sich manch eine*r zugestehen möchte. Nach wie vor kann aber festgehalten werden, dass vor allem am Arbeitsplatz viele Diskriminierung erleben und erlebt haben.

Dies bedeutet im Klartext, dass es viele Unternehmen nicht schaffen, eine von Wertschätzung und Offenheit bestimmte Unternehmenskultur zu kreieren. Und das, obwohl sie gerne von sich behaupten, positiv gegenüber LGBTQIA+ eingestellt zu sein und, wie bereits erwähnt, stolz zum jährlichen Christopher Street Day ihre Regenbogen-Fahne aus dem Keller holen, um sie öffentlichkeitswirksam aufzuhängen.

LGBTQIA+ = Abkürzung der englischen Wörter Lesbian, Gay, Bisexual, Transgender, Queer, Intersexual und Asexual, das + steht für weitere Sexualitäten.

Soziale Herkunft.

Eine Dimension, die in der Debatte über Diversity gerne außer Acht gelassen wird, ist die **Dimension der sozialen Herkunft**. In Deutschland, wie in vielen anderen westlichen Industrienationen, gibt es immer noch eine Korrelation zwischen der sozialen Herkunft und dem

Bildungserfolg. Einfach ausgedrückt haben Kinder aus einem sogenannten bildungsfernen Haushalt, deren Eltern also kein Abitur oder weiterführenden Schulabschluss gemacht haben, schlechtere Chancen, eine Universität zu besuchen, als Kinder aus Akademiker*innen-Haushalten. Vielfalt bedeutet für diese Dimension, dass die soziale Herkunft für eine erfolgreiche berufliche Laufbahn keine Rolle spielen darf.

Es zeigt sich vor allem fürs Berufsleben, dass Menschen explizit Benachteiligungen aufgrund ihrer sozialen Herkunft erleben. Bei der Betrachtung dieser Dimension wird aber auch schnell deutlich, dass es schwer ist, diese monokausal zu betrachten, denn sie steht oftmals in Verbindung mit weiteren sozialen Kategorien. Diese Dimension ist im Vergleich zu den anderen relativ neu in der Diversity-Debatte, und dies, obwohl die Klassenfrage eigentlich eine sehr alte ist.

Religion.

Eine weitere Herausforderung für unsere Gesellschaft ist die **Dimension Religion**. Vielen ist die Diskussion noch in den Ohren, als der damalige Bundespräsident Christian Wulff 2010 in einer Rede zum 20. Jahrestag der deutschen Einheit sagte:

> »Das Christentum gehört zweifelsfrei zu Deutschland. Das Judentum
> gehört zweifelsfrei zu Deutschland. Das ist unsere christlich-jüdische
> Geschichte. Aber der Islam gehört inzwischen auch zu Deutschland.«[11]

Eine Welle der Empörung entlud sich, vor allem in der CDU, also Wullfs eigener Partei – ganz ungeachtet dessen, dass vor ihm schon andere Bundesminister*innen und auch kurz nach dieser Rede die damalige Kanzlerin Angela Merkel diese Meinung formulierten. Sie ordneten ihre Aussage aber meist ein und betteten sie in weitere Zusammenhänge.

Bei Christian Wulff zeigte sich aber in dieser klaren Form, wie es um unsere religiöse Toleranz bestellt ist. Sein Nachfolger Joachim Gauck distanzierte sich zu Beginn seiner Amtszeit von Wulffs Ausspruch. Obwohl die Rede gefühlt eine Ewigkeit her ist, so hat sich bis heute relativ wenig in der öffentlichen Auffassung über die Zugehörigkeit vom Islam zu Deutschland geändert, und antimuslimischer Rassismus ist und bleibt ein wichtiges Thema in der Auseinandersetzung mit Diskriminierung.

Bei einer jährlichen Befragung der Bertelsmann Stiftung zur religiösen Vielfalt in Deutschland kam noch 2019 heraus, dass die Hälfte der Deutschen den Islam als Bedrohung empfinden, also weniger als Religion, sondern vielmehr als gefährliche Ideologie. Interessantes Ergebnis der Studie ist aber auch, dass Menschen, die im Kontakt mit dem Islam stehen, die Religion als bereichernd für die Gesellschaft empfinden. Sie stufen ihn ähnlich wie beispielsweise den allgemein positiv wahrgenommenen Buddhismus ein.[12]

Genau durch diesen Kontakt können Menschen, die ihre Vorurteile abbauen wollen, neue Bilder kennenlernen, um Stereotype zu korrigieren. Es braucht Offenheit für das angebliche Neue.

Einwanderungsland Deutschland.

Die eben grob umrissenen Vielfaltsdimensionen zeigen auch, auf wie vielen verschiedenen Ebenen sich unser Land noch entwickeln muss und wo es noch dringenden Handlungsbedarf gibt. Der Dimension der ethnischen Herkunft und Nationalität fällt dabei für mich eine zentrale Rolle zu, besonders auf ökonomischer Seite, weil Deutschland Fachkräfte benötigt, und weil das Thema der Migration leider in Verbindung steht mit dem Erstarken von Rechtspopulismus in Deutschland, was sich anhand der Etablierung der AfD zeigt. Ihr Erfolg beruht vor allem auf der Angstmacherei vor einer sogenannten Überfremdung. (Dies auch vor dem Hintergrund, dass die AfD seit 2022 an Zuspruch in Landtagswahlkämpfen verliert. Ihre bundesweite Zustimmung ist jedoch nach wie vor frappierend hoch und schwankt zwischen zehn und 20 Prozent.)

Deutschland ist beliebt, das ist eine Tatsache, und eigentlich ist es doch etwas Schönes. Unser Land wird im Ausland sehr geschätzt und ist Anziehungsmagnet für Migranten und Geflüchtete. Eigentlich ein tolles Zeichen, eigentlich sollten wir die »Willkommenskultur«, die Deutschland während der WM 2006 ins Leben gerufen hat, also vollends ausleben. Und ja, dies tun viele, wenn nicht sogar der überwiegende Teil der Bevölkerung, wenn man sich auch das große Engagement an Helfenden 2015/16 und auch 2022 anschaut.

Nur die alleinige faktisch richtige Aussage »Deutschland ist ein Einwanderungsland« bringt in vielen Gesprächen immer noch negative Emotionen hervor.

Deutschland ist nach den USA das wichtigste Migrationsland und steht damit auch an der Spitze aller europäischen Länder. Deutschland ist somit de facto ein Einwanderungsland, und dieser Fakt verändert unsere Gesellschaft kontinuierlich. Die Bevölkerung in Deutschland wächst, zwar sehr langsam, aber sie wächst, und dies nicht, weil die Geburtenrate urplötzlich in die Höhe gesprungen wäre, sondern aufgrund von Einwanderung.

Wenn wir uns die Entwicklungen und Ereignisse in der Welt anschauen, so kommt bei mir nicht das Gefühl auf, dass sich dies perspektivisch wieder ändern wird. Migrationsbewegungen innerhalb der EU nehmen ebenso zu wie auch die Einwanderung aus den sogenannten Drittstaaten (sprich alle Länder außerhalb der EU). Deutlich wird ebenso, dass diese Migrationsbewegungen, ob innerhalb und vor allem auch von außerhalb der EU, schwer durch eine rigorose Abschottungspolitik seitens der Union aufzuhalten sind. Vor allem dann nicht, wenn sich die EU-Staaten aus geopolitischen Konflikten wie in Syrien raushalten. Neben den Kriegs- und Krisenfliehenden aus der ganzen Welt werden zukünftig vermehrt auch Klimageflüchtete hinzukommen, die aufgrund der drohenden und in Teilen schon zu spürenden Klimakatastrophe ihre Zuflucht in Europa suchen.

Flucht hat viele Gesichter.

Die Welt ist in Bewegung, und dieser Bewegung gilt es mit kühlem Kopf sowie humanitärem Herzen zu begegnen. Ebenso gilt es bei der Debatte aber nie zu vergessen, wo die Ursprünge für das Leid vieler Menschen liegen. Viele können es nicht mehr hören und argumentieren damit, dass die jeweiligen Machthaber in den Ländern die Schuldigen sind, nur der Kolonialismus schwebt nach wie vor über allem bis hin zur Klimakrise, bei der die Verursacher die Industrienationen im globalen Norden sind und die südliche Welthalbkugel jetzt bereits am stärksten unter den Folgen zu leiden hat.

Der Glaube, dass eine Mauer Europa vor den »Flüchtlingsschwemmen« (BILD) retten könnte, ist ein Irrglaube und ein Reflex, der eher auf schlechten Gefühlen beruht als auf nüchternen Fakten, geschweige denn Mitgefühl und Humanität unter Beweis stellt. Ein kurzer Blick nach Afrika und die dortigen Flucht- und Migrationsbewegungen lohnt sich hier: Seit 2015 glauben tatsächlich viele Bürger*innen wie auch Politiker*innen dieses Landes, dass zig Millionen junger Menschen – die BILD würde schreiben: »junge Männer« – in ihren afrikanischen Herkunftsländern auf ihren Habseligkeiten sitzen, um nach Deutschland zu immigrieren. Zahlen zwischen 60 und 800 Millionen Menschen kursieren in den Medien.

Fakt ist, eine Massenmigration aus Afrika gab es und gibt es nicht. Ganz im Gegenteil, vergleicht man die letzten Jahrzehnte, so lässt sich erkennen, dass die Immigration aus Afrika eher abgenommen als zugenommen hat.[13] In den hervorstechenden Jahren 2014-2018 kamen gerade einmal 0,6 Millionen (genauer 648 000) Menschen irregulär über das Mittelmeer nach Europa.

Die Debatte über Geflüchtete basiert oftmals auf zwei fatalen Mechanismen: Erstens werden Menschen instrumentalisiert und die tatsächlichen Fluchtursachen verschleiert. Europa macht nun mal gern Politik auf dem Rücken der Menschen, die eigentlich unsere Hilfe benötigen, und zwar nicht von Hilfsorganisationen, sondern von der Union selbst. Trotz vieler Erkenntnisse über Migration und Flucht verschließt die EU immer wieder ihre Augen vor der Thematik, sitzt das Problem zum Leidwesen vieler Menschen aus oder fabuliert über Mauern. Wie zum Beispiel im Winter 2021, als tausende Geflüchtete meist aus Syrien, Irak und Afghanistan in Belarus vor der polnischen Grenze festsaßen.

Und zweitens werden bei dem Thema nicht nur von Boulevard-Medien eher Gefühle bedient, als mit Fakten argumentiert. Dabei werden alte Ressentiments in den Mittelpunkt gestellt, für die leider allzu oft auch aufgeklärte Mitmenschen empfänglich sind. Apokalyptische Gedankenspiele werden hervorgerufen, die Angst vor einer »Fluchtwelle«, die unser Leben bedroht und unser Land überschwemmt, wird geschürt. Eine Angst, die unberechtigt ist.

Dazu ein kurzer Fakt aus dem Jahr 2017: Nur 17 Millionen Afrikaner*innen lebten außerhalb Afrikas, davon neun Millionen in Europa und von denen wiederum allein ein Drittel in Frankreich. Heißt also, dass der überwiegende Teil der europäischen Länder ein weniger wichtiges Ziel für Migrant*innen aus Afrika darstellt. Dennoch sind Migration und Flucht in Afrika reale Probleme, die Menschen bewegen sich aber größtenteils auf dem Kontinent selbst.

Das Thema ist mir wichtig, weil Flucht und Migration aus Afrika oftmals falsch gedeutet werden. Sobald es um Afrika geht, werden gern stereotypische Denkweisen befeuert, und es wird auf Vorurteile zurückgriffen. Sowohl Medien als auch einzelne Personen, mit denen ich darüber spreche, verfangen sich schnell in althergebrachten Denkmustern. Afrika als Synonym für Armut, für Kriege und Katastrophen oder für exotische Bilder vom immer fröhlichen und lebensbejahenden Menschen. Hier hat der Kolonialismus im heutigen Denken tiefe Furchen hinterlassen, die immer und immer wieder von jede*r Einzelnen von uns hinterfragt werden müssen.

Ohne Migration geht es nicht.

Die vergleichsweise junge Bundesrepublik Deutschland zählt um die 82 Millionen Einwohner. Rund einem Viertel davon wird ein sogenannter Migrationshintergrund zugewiesen (ich persönlich verwende lieber den Begriff Migrationserfahrung, aber dazu in einem späteren Kapitel mehr), dies sind rund 21,2 Millionen Menschen. Zum Vergleich: 1951 lebten eine halbe Million Menschen ohne deutsche Staatsangehörigkeit in Deutschland, bis 2019 waren es hingegen knapp über 10 Millionen Menschen.[14] Von dem Viertel der Bevölkerung mit Migrationshintergrund haben um die elf Millionen Menschen einen deutschen Pass. Also mehr als die Hälfte dieser Gruppe sind deutsche Staatsbürger*innen. Zusammenfassend betrachtet stellen allein Menschen mit Migrationshintergrund keine kleine Gruppe dar, ihr Anteil in der Bevölkerung wächst stetig durch Flucht und Migration.

Passend dazu ein Blick ins Jahr 2015. Zwischen 2015 und 2016 kamen insgesamt um die 1,2 Millionen Menschen nach Deutschland. Diese Jahre sind mit Blick auf Flucht und Migration wichtig und können herausgestellt werden, da sie für lange Zeit die politische Agenda bestimmten, die AfD groß gemacht und damit das hässliche Gesicht Deutschlands offengelegt haben.

Aus der Ukraine flüchteten bis Ende April 2022 circa 610 000 Menschen nach Deutschland. Zugleich war und ist dies eine Zeit, und das war bereits 2015 so, in der die deutsche Wirtschaft Arbeitskräfte und vor allem Facharbeiter*innen sucht. Der (neue) Bundeswirtschaftsminister Robert Habeck formulierte Anfang 2022, dass neben dem Erreichen der Klimaziele der Fachkräftemangel eines seiner Hauptanliegen ist.

Habeck zeigte bereits im Januar 2022 auf, dass um die 400 000 Fachkräfte fehlten und die Zahl im Laufe der Jahre noch steigen wird. Dieses Loch kann nur durch gezieltes Anwerben aus dem Ausland gefüllt werden.[15]

Wir können also festhalten, dass Deutschland Zuwanderung und vor allem qualifizierte Arbeitnehmer*innen braucht, es aber 2015 und in den Folgejahren wieder mal versäumte, Menschen schnell für den Arbeitsmarkt fit zu machen oder ihnen frühzeitig eine Arbeitserlaubnis zu erteilen.

Von der größten Gruppe der damals Angekommenen, Geflüchtete aus Syrien, sind 2020 67 Prozent auf Hartz IV angewiesen. Im Vergleich: Der Durchschnitt in der restlichen Bevölkerung unseres Landes liegt bei gut acht Prozent. Integrationspolitik ist nach wie vor ein Thema, das nicht erfolgreich umgesetzt wird.

Interessant ist dabei, dass von den Menschen mit syrischen Wurzeln, die Hartz IV beziehen, der überwiegende Teil noch eine Schule besucht, eine Ausbildung absolviert, in Weiterqualifizierungsmaßnahmen steckt oder zu Hause bleiben muss, um Kleinkinder zu betreuen.[16] Das bedeutet, dass diese Zahl, die gern medial herangezogen wird, um syrische Geflüchtete zu diffamieren, vorsichtig zu betrachten ist. Und die steigende Erwerbstätigenquote unter ihnen zeigt auch, dass viele eigentlich arbeiten wollen, man muss sie nur lassen und die Voraussetzungen hierfür gut gestalten. Was auch bedeutet, dass ausländische Abschlüsse leichter anerkannt werden müssen.

Viele dieser politischen Themen will die neue Regierung verbessern, die seit Ende 2021 an der Macht ist. Angefangen damit, dass sie mehr reguläre Migration nach Deutschland ermöglichen möchte. Ebenso sollen »Arbeitsverbote für in Deutschland Lebende« abgeschafft werden.[17] Bis dato sind es Lippenbekenntnisse, hoffen wir, dass sich tatsächlich etwas ändert.

Ein neuer Umgang mit Flucht?

Einiges hat sich zudem schlagartig mit dem Angriffskrieg Putins auf die Ukraine geändert und aus Sicht von Geflüchteten auch verbessert. Die europäische Flüchtlingspolitik wurde durch den Krieg wachgerüttelt. Vor dem Angriffskrieg gab es für Menschen, die vor Krieg geflohen sind, kaum Möglichkeiten, legal in die Europäische Union zu reisen. Zu Beginn des Kriegs, Ende Februar 2022, wurde schnell gehandelt, und sogar die Deutsche Bahn stellte kostenlose Bahntickets für Menschen zur Verfügung, die aus dem Kriegsgebiet flüchten mussten.

Auch die sogenannten Pushbacks bleiben aus, wobei jedoch an einigen Grenzübergängen zur EU vor allem PoC in den ersten Wochen dieses schrecklichen Krieges weiterhin systematisch zurückgedrängt wurden.

Pushback = die direkte Abschiebung oder, klarer formuliert, die gewaltsame Zurückdrängung von Geflüchteten an der Grenze, damit sie nicht in die EU einreisen können. Eine Maßnahme, die rechtlich umstritten ist und bei der von offizieller Stelle gern geleugnet wird, dass solche Aktionen stattfinden. Die Menschenrechtsorganisation Pro Asyl dokumentierte aber zahlreiche Fälle an verschiedenen europäischen Außengrenzen. Ein unmenschliches Verfahren, da es Geflüchtete daran hindert, überhaupt Asyl zu beantragen.

Auch das Asylverfahren gestaltete sich für diesen Konflikt anders: Während Geflüchtete aus Syrien oder dem Jemen Ewigkeiten in langwierigen Asylverfahren hingen und bangen mussten, ob ihr Antrag genehmigt wird, einigten sich die EU-Länder im Februar 2022 im Schnellverfahren darauf, dass Geflüchtete aus der Ukraine ohne bürokratisches Verfahren drei Jahre Schutz erhalten und sie ihr Zielland frei auswählen können.

Die Europäische Flüchtlingspolitik hat sich also erheblich im Jahr 2022 gewandelt. Eine neue Einigkeit ist eingezogen, die osteuropäischen Länder sperrten sich nicht mehr, Geflüchtete aufzunehmen, im Gegenteil, sie bewiesen eine vollkommene neue Einigkeit mit den anderen EU-Ländern. Die Gründe liegen wahrlich in der neuen Bedrohungslage, die Russland mit dem Angriff auf die Ukraine auslöste. Schließlich fühlt sich dieser Krieg für Europäer*innen sehr nah an, näher als beispielsweise der in Syrien. Und trotzdem lässt sich ein gewisser unangenehmer Beigeschmack nicht einfach wegwischen. Gibt es Geflüchtete zweiter Klasse für die EU?

Noch im Bundestagswahlkampf 2021 fielen Sätze wie derjenige, dass die »Fehler von 2015 nicht wiederholt werden« dürften, so der Kanzlerkandidat Armin Laschet[18]. Der damalige Innenminister Horst Seehofer freute sich zu seinem 69. Geburtstag 2018, dass genau an diesem Tag auch 69 afghanische Geflüchtete abgeschoben wurden[19]. Auf politischer Seite gab es keine Anzeichen einer tatsächlichen Willkommenskultur, wie sie die Menschen im Land 2015 als auch 2022 in breiter solidarischer Form zeigten. Diese politische Neujustierung änderte sich durch die neue Regierung 2021 und letztendlich mit dem

Krieg gegen die Ukraine, der kurz nach der Wahl über Europa hereinbrach.

Doch auch die neue humane Seite Europas zeigt Risse und eröffnet die Frage danach, ob Geflüchtete unterschiedlich bewertet werden. In der Ukraine leben selbstverständlich ganz unterschiedliche Menschen, auch die Bevölkerung der Ukraine weist eine gewisse Vielfalt auf. Beispielsweise leben schätzungsweise um die 4000 Student*innen aus afrikanischen Ländern in der Ukraine, ein Großteil aus Nigeria. Genau diese Student*innen wollten, wie viele andere Menschen auch, das Land verlassen, als der Krieg ausbrach. Sie wurden aber in unzähligen Fällen bei der Flucht am Grenzübergang zu Polen bereits auf ukrainischer Seite daran gehindert. Kein Einzelfall, sondern anscheinend strukturierter Rassismus, den sogar die Außenministerin Annalena Baerbock in ihrer ersten Rede zum Krieg vor der UN-Vollversammlung am 1. März 2022 zur Sprache bringen musste: »Uns kommen Gerüchte zu Ohren – auch hier in diesem Raum –, dass Menschen afrikanischer Herkunft, die aus der Ukraine fliehen, an den EU-Grenzen diskriminiert werden.«[20]

Beschämende Fälle, die auch der Bundestagsabgeordnete Dr. Karamba Diaby auf seiner Facebookseite auf den Punkt brachte: »Nennen wir es beim Namen: Schwarze Menschen und People of Colour werden an der Grenze diskriminiert und an der Ausreise aus der Ukraine gehindert.«[21]

Das Verhalten der Grenzpolizei, die für diese Diskriminierung verantwortlich ist, ist selbstverständlich ein Skandal, spiegelt leider aber wider, was in vielen Köpfen herumgeistert. Ein amerikanischer Reporter vom Sender CBS News sagte in einem Bericht aus Kiew, dass die Ukraine nun mal ein »zivilisiertes« und »europäisches« Land sei und der Konflikt nicht zu vergleichen sei mit jenen in Afghanistan oder dem Irak[22]. Die NZZ berichtete in einem Kommentar zum Thema Geflüchtete: »Es sind dieses Mal echte Flüchtlinge. (…) Das ist bei vielen Migranten, die in der Vergangenheit als vermeintliche Flüchtlinge nach Europa gekommen sind, anders. Während die

Männer in Charkiw und Kiew für ihre Heimat kämpfen und dafür sorgen, dass ihre Frauen und Kinder in Sicherheit kommen, waren es in den früheren Jahren auffallend oft junge Männer, die von anderen Kontinenten nach Europa kamen.«[23]

Eine diskriminierende und menschenverachtende Berichterstattung, die offenlegt, dass Menschen gern mit zweierlei Maß bewertet werden, was nichts anderes ist als Rassismus. Diese Form der Berichterstattung setzte sich europaweit in ganz unterschiedlichen Medien fort. Auch in der ARD wurden Gedankengänge sicht- und hörbar, die in vielleicht weniger emotionalen Zeiten eher unausgesprochen bleiben. In der Polit-Talkshow *hart aber fair* wurde zum Ukraine-Krieg debattiert. In unterschiedlicher Form wurde deutlich, dass die Geflüchteten 2015/2016 anders bewertet werden als die jetzigen aus der Ukraine. Der Gast und Journalist Gabor Steingart sagte, die Geflüchteten aus der Ukraine stammten ja »aus unserem Kulturkreis« und seien Christen. Ebenso wurde in dieser Runde auch angemerkt, dass 2015 hauptsächliche junge Männer flüchteten, während es in der Ukraine »richtig« verläuft und die Frauen und Kinder flüchten, während die Männer ihr Land verteidigten[24].

Es ist offener Rassismus, der aufgrund der Extremlage wenig kritisiert wird, sondern, wie auch bei *hart aber fair*, kritiklos stehen bleibt. Im Übrigen hätte die Berücksichtigung von Diversität bei den Einladungen der Gäste auch der Runde bei *hart aber fair* gutgetan. Das wären die Stimmen und Bilder, die ich gebraucht hätte, PoC, die als Spezialist*innen zu Sicherheitsfragen in Europa Stellung nehmen. Und bevor die Frage aufkommt, ja, auch diese Personen gibt es.

Diversity Management.

2021 brachte die Bundestagswahl ein Ergebnis hervor, was es in der bundesdeutschen Geschichte zuvor so noch nicht gegeben hatte: Drei Parteien regieren Deutschland erstmals gemeinsam, und es gibt ein XXL-Parlament mit 735 Abgeordneten, so groß wie noch nie zuvor. Das Schöne und zugleich das Ernüchternde daran ist, dass Deutschland erstmals ein Parlament hat, was zumindest einen Anstrich von Vielfalt widerspiegelt. Angesichts der gesellschaftlichen Entwicklungen eigentlich höchste Zeit. Doch auch dieser Anstrich ist bei genauer Betrachtung nur ein sehr dünner Anstrich, der zeigt, wie schwer sich auch der politische Betrieb damit tut, die tatsächliche Vielfalt der deutschen Gesellschaft auch im Bundestag zu vertreten.

Bunt ist nicht Vielfalt.

Erwähnenswert ist das neue Parlament aber trotzdem, denn die Zusammensetzung sämtlicher Bundestage davor war im Vergleich katastrophal. Deutschland hatte vor der Ampel-Regierung zwar 16 Jahre lang eine Kanzlerin, also erstmals eine Frau an der Spitze einer deutschen Regierung, aber auch das half in Bezug auf die Gender-Dimension tatsächlich nur geringfügig. Im letzten Bundestag unter Angela Merkel war gerade mal ein Drittel der Abgeordneten Frauen. Im aktuellen Parlament sieht die Quote mit 34,7 Prozent nur ein wenig besser aus. Würde die gesamtdeutsche Gesellschaft abgebildet werden, so fehlen dem aktuellen Bundestag 140 Frauen.

Nichtsdestotrotz lassen sich für einige Diversity-Dimensionen leichte Verbesserungen erkennen. Es gibt im Vergleich zum vorherigen Parlament zum Beispiel mehr Personen mit einem Hauptschulabschluss.

Zudem, und das ging tatsächlich viel durch die Medien und verdeutlicht auch, was medial wirksam ist: Es gibt zwei Transfrauen im neuen Parlament. Vergessen wurde bei der Berichterstattung nur oftmals, dass es bereits in der Vergangenheit eine Transfrau im Parlament gab, also so wegweisend ist die neue Ampel-Regierung hierbei nun auch nicht. Mittlerweile ist Cem Özdemir Bundesminister geworden, und damit sitzt endlich eine Person mit Migrationserfahrung am Kabinettstisch.

Es täuscht darüber hinweg, dass gerade einmal 7,5 Prozent der Parlamentarier*innen Migrationserfahrung mitbringen (wie bereits geschildert, liegt der Anteil in der Gesamtgesellschaft bei 22,5 Prozent).

Nach der Wahl wurde ebenso viel darüber berichtet, wie jung das Parlament geworden ist. Doch eine wirkliche Verjüngungskur hat es leider nicht gegeben, und auch ältere Menschen ab 65 Jahren sind nicht gut vertreten im Bundestag. Zur Verjüngung: Ende 2021 lag der Altersdurchschnitt der Abgeordneten bei 47,5 Jahren, vorher betrug er 49,5 Jahre. Die jüngste Abgeordnete war nach der Wahl 23 Jahre alt. Der älteste Abgeordnete ist 80 Jahre alt. Nur 21 der 709 Abgeordneten sind zwischen 21 und 29 Jahre alt.[25]

Die Altersstruktur im Parlament anzuschauen empfinde ich als interessant, da wir uns bekanntermaßen in einer alternden Gesellschaft befinden. Nur 3,7 Prozent der Abgeordneten im Parlament bilden die 65- bis 69-Jährigen in der Gesellschaft ab. In der Gesamtbevölkerung beträgt hingegen der Anteil der über 65-Jährigen fast 22 Prozent. Bedauerlich ist zudem, dass die AfD die durchschnittlich älteste Fraktion stellt.

Es zeigt sich schlichtweg, dass sich trotz der medialen Aufmerksamkeit für das Thema Vielfalt auf der politischen Bühne eigentlich wenig getan hat.

Parteien bemühen sich zwar, oder zumindest sagen sie es, die Realität sieht aber seit Jahrzehnten anders aus. Schaut man hinter die

Schlagzeilen von einem verjüngten Parlament und den zwei Trans-frauen, so erkennt man deutlich, dass die Zusammensetzung des Par-laments wenig mit tatsächlicher Vielfalt zu tun hat.

Schuld an der Misere sind natürlich die Parteien und die Strukturen, aber auch wir Bürger*innen, die die Abgeordneten ins Parlament wäh-len. Was müsste getan werden? Ein Problem, was nicht nur in der Poli-tik vorherrscht, ist es, Vielfalt oder Diversity-Management nicht nur für gute PR zu machen. Es geht also darum, weniger symbolische Arbeit zu leisten und mehr dafür zu tun, dass die Gesellschaft besser abgebildet wird, so wie es eigentlich im Grundgesetz im Artikel 38 for-muliert ist: »Die Abgeordneten (...) sind Vertreter des ganzen Volkes.«

Die Ampel-Koalition hat in ihrem Koalitionsvertrag zudem festge-halten, dass sie eine Vorbildrolle einnehmen möchte, um Diversität zu fördern:»Der Staat muss Vielfalt, Gleichstellung und flexiblen so-wie digitalen Arbeitsbedingungen Vorbild leisten.«[26]

Zugewinn in Unternehmen.

Ein Bewusstsein für Diversität ist vorhanden, nur leider lässt sich eine Strategie vermissen, die vor allem in öffentlichen Institutionen wich-tig wäre. Ähnlich lässt sich dies auch für die Wirtschaft zusammen-fassen. Führungskräfte und CEOs besitzen ein Bewusstsein für Diver-sity, nur eine Strategie, die tatsächliche Veränderung anstrebt, ist selten vorzufinden. Viele Vorgesetzte möchten es eher als nebensäch-liches oder als softes Beiwerk betrachten, mit dem sich eine Organisa-tion oder Firma schmücken kann.

Diversity Management = ein »ganzheitliches Managementkonzept«. Als solches ist es auf die Anerkennung und Wertschätzung aller Mitarbeiten-den ausgerichtet – unabhängig von Persönlichkeitsmerkmalen, Lebenssti-len oder -entwürfen. Es umfasst alle Strategien, Maßnahmen und

Instrumente, die Vielfalt in der Organisation fördern und gestalten. Ziel ist es, Gemeinsamkeiten und Unterschiedlichkeit der Belegschaft zu erfassen, organisationsrelevante Aspekte dieser Vielfalt zu identifizieren und Arbeitsumfelder zu schaffen, die inklusiv und frei von Vorurteilen sind.«[27]

In dieser Definition der Charta der Vielfalt zeigen sich bereits die Komplexität und die Schwierigkeit für eine wirksame Herangehensweise für Unternehmen. Es ist nicht nur die Frage für Unternehmen und Institutionen, wie man sich dem Thema richtig nähert, sondern auch das Bewusstsein dafür, dass eine tiefgreifende Beschäftigung mit Vielfalt oftmals mit Machtveränderung innerhalb des Unternehmens einhergeht. Auch wenn man ungern von Macht im Kontext von Unternehmen spricht, so ist es klar, dass Vielfalt und die Behebung von sämtlichen Diskriminierungsfeldern (z.b. Gender-Pay-Gap) viele bestehende Strukturen verändert. Das kann in Folge auch dazu führen, dass Menschen, die bisher Führungspositionen innehaben, ihre Positionen zukünftig vielleicht überdenken müssen.

Für Diversity Management heute wäre es wichtig, nicht ähnliche Fehler zu machen wie in der Nachhaltigkeitsdebatte der 90er-Jahre: Etliche Unternehmen, öffentliche Institutionen und Medien nahmen sich dem Nachhaltigkeitsthema an – kamen dabei aber über eine oberflächliche Auseinandersetzung nie hinaus. Unternehmen wie Chiquita oder Shell sind bekannte Beispiele aus dieser Zeit, die sich mit viel PR-Arbeit ein Nachhaltigkeitsimage verpassen wollten und daran kläglich scheiterten. Andere Unternehmen strichen ihr Logo grün oder frisierten ihre Unternehmensberichte, um nachhaltiger zu erscheinen – eine Praxis, die leider immer noch Konjunktur hat und durch PR-Spezialist*innen oft schwierig aufzudecken ist.

Ähnliche Phänomene zeigen sich heute auch, mit dem Unterschied, dass wirklich viele Entscheider*innen in Unternehmen oder in der Politik sich mehr Vielfalt wünschen, sie aber schlichtweg nicht wissen, wie sie diesen Weg zu bestreiten haben. Momentan ist leider ein Trend von reinen Bemühungen zu beobachten, Maßnahmen, die keine Angriffsfläche bieten, aber auch wenig Wirkung erzeugen. Unternehmen erkaufen sich teilweise medienwirksame Zertifikate, die deren Engagement im Diversity Management unter Beweis stellen, nur Veränderungsprozesse sind nur sehr punktuell zu beobachten.

Ebenso auch Medien(-Unternehmen): Sie platzieren zwar immer mehr sichtbare Diversität vor der Kamera, versäumen es aber, ihre Redaktionen und die Köpfe hinter der Kamera auch vielfältig aufzustellen. Vor allem bei Unternehmen kommen dabei zum Teil haarsträubende Ergebnisse hervor, das Phänomen des »Colour oder Woke Washing« ist entstanden. Unternehmen kommunizieren beharrlich ihren sogenannten Purpose oder ihre Haltung, färben ihr Logo beispielsweise im Black History Month schwarz und wollen ein Zeichen gegen Rassismus setzen, nur oftmals bleibt es bei auf Social Media wirksamen Ereignissen. Es sind schnelle Maßnahmen, die Unternehmen davor schützen sollen, nicht von einem Shitstorm durchgewirbelt zu werden.

Colour oder Woke Washing = Wenn eine Institution öffentlichkeitswirksam Eintreten für eine soziale Sache oder eine diskriminierte Gruppe signalisiert, aber keine Handlung folgen lässt.

Es entsteht auf diese Weise leider kein positiver und nachhaltiger Effekt, der sich auch wirtschaftlich fürs Unternehmen lohnt, denn das tut Diversity Management, wenn sich Organisationen und Firmen nicht nur auf einzelne Maßnahmen konzentrieren, sondern auf strategische Veränderungsprozesse.

Solidarität zeigen, indem beispielsweise eigene Netzwerke von minorisierten oder benachteiligten Gruppen im Unternehmen etabliert werden, ist ein erster Schritt, der aktuell gern als Maßnahme auf den Weg gebracht wird. Nur, diese Netzwerke verändern keine Strukturen und reduzieren vor allem selten Diskriminierung innerhalb einer gefestigten Struktur. Unternehmen und Organisationen müssen Verantwortung für das Problem übernehmen, indem sie sich selbst verpflichten, es von der Wurzel her anzupacken.

Leichter gesagt als getan.

Warum dies so selten geschieht, ist meines Erachtens einfach zu erklären, aber dennoch ein komplexes Thema, denn es geht um uns Menschen, um eigene Machtpositionen in Unternehmen oder privilegierte Stellungen in der Gesellschaft und um die Bereitschaft zur kritischen Selbstreflexion. Beispiel Frauen-Quote: Viele sind mittlerweile für eine solche Quote, Unternehmen veröffentlichen Selbstverpflichtungen, geändert hat sich aber bisher leider nur sehr wenig in den Vorstandsetagen deutscher Unternehmen.

Es ist vergleichsweise einfach, eine Werbekampagne vielfältig zu gestalten, es ist aber schwieriger, das Teamgefüge in der eigenen Geschäftsleitung wirklich in Frage zu stellen oder auf die eigenen Fehler im Bewerbungs- und Einstellungsprozess zu schauen.

Es reicht beispielsweise nicht, eine Person of Color als Diversity-Expertin zu installieren, vielmehr braucht es eine breit angelegte Strategie auf allen Ebenen und in allen Abteilungen, so dass Diversität in die DNA der Organisation aufgeht.

Es wirkt wie ein Trend, dass sich in den letzten Jahren Führungskräfte und CEOs vermehrt zu Vielfalt bekennen. Nicht zuletzt spricht man von »social desirability bias« oder sozialer Erwünschtheit: Teilnehmer*innen von Umfragen antworten gern so, wie es gesellschaftlich erwünscht ist.[28] Schließlich geben die wenigsten Chefs sich gern die Blöße, sich nicht für Vielfalt einzusetzen, und sie wissen natürlich, dass es sich schickt, die Gleichberechtigung von Männern und Frauen in Führungspositionen anzustreben.

Genau dies ist oftmals der Fall, Vielfalt und die Behebung von Ungerechtigkeiten wird selbstverständlich immer angestrebt und gern geäußert, in Berichten festgehalten oder in PR-trächtigen Maßnahmen ins Leben gerufen. Veränderungsprozesse, die wirklich Strukturen verändern, sind jedoch selten zu erkennen. Diversity Management verkommt dann zum Selbstzweck und wird nicht als Notwendigkeit angesehen.

Ein interessantes Beispiel ist nach wie vor der Blick auf die prominente Dimension Gender-Gerechtigkeit und die Analyse von Führungspositionen und dem Frauenanteil hierbei: Immer noch wird Familie als Hindernis für Karriere angesehen, dem ist mit einzelnen für sich stehenden Programmen wenig beizukommen. Veränderungen, die die DNA des Unternehmens oder dessen Organisation berühren, müssen in solch einem Fall implementiert werden. Also, wie ist der Umgang mit Teilzeit für Führungskräfte, wie werden Väter gefördert (und aufgefordert), mehr Care-Arbeit zuhause zu leisten, und wie will man mit dem Gender-Pay-Gap umgehen.

Nachhaltige Programme, die Eltern so intensiv fördern, dass ihre Karrieren nicht leiden, gibt es nur in wenigen Unternehmen. Es zeigt sich noch immer, umso höher die Position, desto weniger Frauen sind vorzufinden, eine alte und leidliche Formel.

Dass Diversity Management Kulturwandel bedeutet und die DNA des Unternehmens berührt, ist den wenigsten bekannt oder wird einfach nicht als holistischer Ansatz fürs eigene Unternehmen angesehen.

Auch im Umgang mit Versäumnissen in Bezug auf Teilhabe und Barrierenabbau ist die Argumentation meist relativ ähnlich – die Gründe für Versäumnisse liegen draußen und sind extrinsisch wie beispielsweise das Argument der fehlenden Bewerberinnen auf höhere Positionen. Oftmals sind aber auch mangelnde Flexibilität und eigene unbewusste Vorurteile der Recruiter und Geschäftsleitung hierfür mitverantwortlich, die noch nicht überwunden wurden. Selbstverständlich sind dabei auch die Formen von Ermutigung wichtig, sprich wie werden potentiell neue Zielgruppen angesprochen, traut man sich in neue Milieus und wirft die bisherige Denke über die Qualifikation von Bewerber*innen über Bord.

Vielfalt braucht Strategie.

Ein tatsächlicher Kulturwandel, fernab medialer Buzzwords, ist erforderlich. Diversity Management ist komplex, drei Facetten möchte ich daher an dieser Stelle kurz herausstellen, die ein erster Schritt für die Entwicklung einer Strategie sein können:

Erstens, die persönliche und individuelle Ebene. Ganz gleich, was ich über mein Unternehmen und die Unternehmenskultur denke, es lohnt sich der Blick auf mich selbst. Welche Unconscious Bias trage ich mit mir rum, die während meiner Arbeit zutage kommen? Ebenso auch die Frage nach Privilegien, vor allem bei Führungskräften wichtig. Um wirksames Diversity Management zu betreiben, braucht es Inclusive Leadership, sprich Führungskräfte, die allen Mitarbeitenden ein Gefühl der Zugehörigkeit vermitteln.

Zweitens, neben dieses eigene Handeln gesellt sich die zwischenmenschliche Ebene. Wie kommunizieren wir miteinander, und wie betrachten wir im Zwischenmenschlichen überhaupt Differenz, also wie nehmen wir individuelle Vielfalt wahr? Bekannt ist beispielsweise im Recruiting die soziohomogene Reproduktion, also die Tatsache, dass Chef*innen oftmals Mitarbeiter*innen aussuchen, die ihnen vom Typ her ähnlich sind. Irgendwie menschlich und verständlich, führt es aber nun mal nicht zu Vielfalt und schon gar nicht dazu, individuelle Vielfalt anzuerkennen.

Unconscious Bias = engl. für unbewusste Voreingenommenheit, also eine erlernte Annahme, die aus dem Unterbewusstsein das eigene Verhalten bestimmt.

Ebenso geht es bei diesem interpersonellen Aspekt selbstverständlich um das Thema Konflikte und wie wir mit ihnen umgehen. Vielfalt kann zu Differenzen führen, und Differenzen münden oftmals in Konflikten, vor allem im Arbeitsleben. Wer will schließlich nicht gerne seine Meinung durchsetzen oder sich beim Vorgesetzten profilieren? In einigen meiner bisherigen Bewerbungsgespräche wurde gern davon gesprochen, dass es horizontale Strukturen gibt und agile

Methoden angewandt werden. Kommunikation auf Augenhöhe und flache Hierarchien, das habe ich oft gehört und hatte genauso oft das Gefühl, dass entweder Vorgesetzte agil verwechselten mit: »Ihr macht das schon, egal wie, Hauptsache mein Ergebnis stimmt!« Oder sie waren der Meinung, dass die Einführung einer kleinen Maßnahme wie eines digitalen Tools als neue Kommunikationsplattform ausreicht, um sich als agil und fortschrittlich zu begreifen.

Für diese zweite Facette zählt aber, dass Diversity Management nun mal auch zwischenmenschliche Kommunikation bedeutet. Wer Teams und Organisationen verändern will beziehungsweise Ressourcen aus Vielfalt herauskristallisieren möchte, muss die (eigene) Kommunikation verändern und daran arbeiten, was selbstverständlich hier so einfach steht, aber, wie mir sehr bewusst ist, ungemein schwierig und vor allem langwierig ist.

Es bedeutet somit auch, wer in Organisationen von Diversity Management spricht, muss auch von Kommunikation sprechen. Denn nur in der richtigen Kommunikation können individuelle Interessen und Ressourcen offengelegt werden, so dass sie für ein Unternehmen wichtig werden. Mitarbeiter*innen sollten befähigt und ermutigt werden, sie brauchen einen sicheren Rahmen, um vielleicht vermeintlich stereotypisch gesehen »schwache Attribute« offenzulegen und darüber zu reden. Denn die unterschiedlichen Eigenschaften von Mitarbeiter*innen sind die Quelle für neue Wertschöpfung.

Drittens muss die Organisationsebene in den Fokus gerückt werden. Vor allem geht es hierbei um das Analysieren von bestehenden Strukturen: Wie verläuft der Recruiting-Prozess, wie sind die Mitarbeiter*innen zusammengesetzt, oder welche strukturellen Elemente sind Barrieren und diskriminieren bestimmte Menschengruppen? Aus meiner Erfahrung heraus wird auch dieser analytische Part in Unternehmen gern übersehen. Die Konzentration auf Maßnahmen erscheint wichtiger, schnelle Ergebnisse sind gern gesehen. Eine tatsächliche Analyse, welche bisherigen Strukturen diskriminierend sind und sich verfestigt haben – dabei fällt gern der beliebte Ausspruch »historisch gewachsen« –, wird ungern angegangen und vor allem nicht verschriftlicht.

Die Analyse und die Debatte über die Priorisierung von Problemen sind wichtige Elemente, um einen Veränderungsprozess anzustoßen. Dabei gilt auch: Weniger ist mehr. Das weite Spektrum von Diversity Management und die Angst, etwas falsch zu machen, hindern viele jedoch daran, richtig anzufangen. Die Debatte darüber, auf welche Dimensionen sich zu Beginn konzentriert wird, ist wirklich wichtig und sollte auf einer vorherigen Analyse beruhen – vielleicht hat die Belegschaft selbst ein klares Bedürfnis und kann bereits formulieren, welche Barrieren und diskriminierenden Praxen sie dringend beheben möchten.

Macht der Medien.

Als ich in den 80er-Jahren aufwuchs, hielt sich die Anzahl von PoC in deutschen Medien sehr in Grenzen. Zugegebenermaßen hat sich dieses Bild im Laufe der letzten Jahrzehnte deutlich verbessert. Interessant für mich ist aber, dass vor allem in den letzten zwei bis vier Jahren ganz deutlich und wahrnehmbar mehr PoC in den Medien zu sehen sind. Das zeigt für mich, dass die aktuelle Debatte um Diskriminierung und Diversität erste Früchte trägt, aber auch wie lange es brauchte, dass sich überhaupt etwas sichtlich veränderte – und dies auch nur aufgrund von tragischen und grausamen Ereignissen. Ereignisse, die eine einflussreiche Protestbewegung wie Black Lives Matter hervorbrachten und damit weltweit das Thema Rassismus für lange Zeit auf die mediale Agenda setzten.

Black Lives Matter = engl. für Schwarze Leben zählen, ist eine transnationale Bewegung, die in den USA nach Fällen tödlicher Polizeigewalt gegen Schwarze entstanden ist und sich weltweit gegen Gewalt gegen PoC einsetzt.

Aber ungeachtet dieser Beobachtung ist festzuhalten, dass sich in Deutschland vor allem junge Menschen mit sogenanntem Migrationshintergrund zu wenig (in Medien und Wirtschaft) repräsentiert fühlen.

Dazu muss nochmal festgehalten werden, dass junge Menschen mit Migrationshintergrund unter 35 Jahren in deutschen Großstädten heute oft die Mehrheit stellen (wie bereits erläutert, müssen sie nach der offiziellen Definition selbst überhaupt keine Migrationserfahrung haben, sondern lediglich ihre Eltern).

Beispielsweise bringen in Frankfurt am Main um die 70 Prozent an jungen Menschen Migrationserfahrung oder einen Migrationshintergrund mit.

Auf der anderen Seite ist es nach wie vor so, dass die wichtigsten deutschen Medienhäuser personell immer noch nicht divers sind, nicht einmal ansatzweise:»Männlich, weiß, gutverdienend und akademisch gebildet. So sehen nach wie vor die meisten Führungskräfte in den Redaktionen aus.«[29]

Die Vereinigung der Neuen deutschen Medienmacher*innen stellt in ihrem Diversity-Guide fest, dass in deutschen Medienhäusern nur circa 5 Prozent der Journalist*innen einen Migrationshintergrund mitbringen, vielleicht auch ein Grund, warum die Berichterstattung bei Themen um Vielfalt und Diskriminierung zu wenig differenziert oder, besser ausgedrückt, reflektiert ausfällt.

Berichterstattung fernab von Fakten.

Perspektiven, die in den Redaktionen fehlen, vermisst man somit oft auch in der Berichterstattung – angefangen mit der größten deutschen Boulevardzeitung, die oftmals eine tendenziöse Berichterstattung nutzt. Dies ist bedeutend, da sie mit ihrer bis heute großen Reichweite über Jahrzehnte hinweg immer noch dafür sorgt, dass Stereotype und Klischees in den Köpfen ihrer Leser*innen bestehen bleiben. Eine klischeefreie Berichterstattung beispielsweise über die Volksgruppe der Sinti*zze und Rom*nja gibt es so gut wie nicht in der BILD-Zeitung. Es sei die »Masche der Roma«, die immer mit Betrug und Diebstahl in Verbindung gebracht wird.

Es wird pauschalisiert und nach Belieben verallgemeinert. Feindbilder sind Migrant*innen oder heutzutage insbesondere pauschal Muslim*innen. »Die Muslime nehmen uns das Schnitzel weg« oder auch ganz absurd, aber mit einem gefährlichen Bedrohungsszenario verbunden: »Deutsche Mehrheit fühlt sich vom Islam bedroht.« Die BILD lässt nichts aus und wurde so zum Leitmedium der AfD und ihrer Anhänger*innen, die sich in solch einer Berichterstattung wiederfinden und bestätigt fühlen. Selten stimmen die Fakten zu

Headlines und Geschichten, die aber dennoch ein Gefühl erzeugen, das den Dialog verschließt und Feindbilder kreiert.[30]

Ein für mich zentrales Thema und ein weiteres Beispiel für die Repräsentation von PoC in Deutschland ist die Nennung der Herkunft bei einer strafrechtlichen Berichterstattung. Ein Mensch wird in einer Fußgängerzone einer mittelgroßen deutschen Stadt angegriffen, Zeitungen berichten darüber. So weit, so klar. Wir alle lesen darüber, sind schockiert – und ich persönlich hoffe dann nur, dass BILD, Spiegel Online und Co. nicht ein verwackeltes Foto eines Schwarzen Mannes abbilden. Womöglich noch mit der Headline: »Aggressiver Afrikaner raubt Seniorin aus.«

Dies soll nur ein fiktives Beispiel sein, das sich leider mit etlichen realen Beispielen belegen lässt. Die Nennung der Staatsangehörigkeit oder der vermeintlichen Herkunft hat in diesen Berichten nichts zu suchen. »Vermeintliche« Herkunft, da gern bei PoC eine nichtdeutsche Herkunft erwähnt wird wie beim »Deutsch-Tunesier« – ganz gleich, ob er in Flensburg oder Gelsenkirchen geboren ist.

Meine Befürchtung rührt auch daher, dass ich weiß, was in den Köpfen meiner weißen Mitmenschen passiert und welche Folgen das direkt nach solch einem Ereignis für mich und andere PoC in Deutschland hat. Manchmal nur unterschwellig, aber immer spürbar – nicht zuletzt daran, dass sich Polizeikontrollen nach solchen Ereignissen meist häufen. Jeder, der schwarze Haare hat und für die Mehrheitsgesellschaft so aussieht, als ob er aus der Türkei oder dem Nahen Osten stammen könnte oder womöglich praktizierender Moslem sei, kennt dieses Gefühl in Zeiten der IS-Terroranschläge, die die Welt lange erschütterten. Jeder Angriff ist immer auch ein Angriff auf sie selbst.

Dabei wäre es ganz einfach, dieses Problem ein wenig zu lindern: Oftmals höre ich das Argument, dass die Nennung der Herkunft für eine objektive Berichterstattung wichtig sei oder dass mit der Weglassung etwas vertuscht werden würde. Aber ist dies wirklich so? Was hilft es der Leser*in zu wissen, dass der Deutsche vielleicht eine weitere Identität mit sich trägt? Während bei weißen Gewalttäter*innen oftmals mit der Psyche argumentiert wird, steht bei PoC schnell die Herkunft im Fokus. Bei Weißen sind es dann Einzeltaten, wohingegen PoC unter Generalverdacht gestellt werden und kollektiv als Täter*innen dargestellt werden.

Othering = Menschen werden zu »Anderen«, zu Fremden gemacht. Sie sind auf einmal nicht Teil der »weißen«, »christlichen«, »richtigen« Gesellschaft. Ein klassisches, unterschwelliges und rassistisches Mittel, das gesellschaftlich viel zu wenig wahrgenommen wird.

Algorithmen als Spiegelbild.

Serien werden vielfältiger, Werbung verändert sich und hinterfragt die Reproduktion von Stereotypen. Zaghaft aber doch sehr deutlich und sichtbar gibt es eine positive Entwicklung in der Medienlandschaft in Deutschland. Menschen in Agenturen und in Marketingabteilungen von Unternehmen entscheiden sich dafür, Vielfalt und den Umgang mit Stereotypen neu zu denken, um vor allem vor der Kamera mehr Vielfalt zu zeigen.

Wie sieht es aber mit Entscheidungen aus, die vielleicht nicht direkt vom Menschen getroffen werden? Wie steht es um Maschinen, Technologien und Algorithmen, die unser Leben eigentlich erleichtern und verbessern sollen? Wenn wir über Strukturen sprechen, so müssen wir uns auch mit den Strukturen der digitalen Welt auseinandersetzen, die unseren Alltag bestimmen.

Ich kenne zum Beispiel das Problem, wenn in einem Restaurant beim Händewaschen der Seifenspender nicht sofort funktioniert. Es passiert immer mal wieder, dass, wenn ich meine Hand unter den Spender halte, einfach nichts geschieht. Bei meinem weißen Nebenmann klappt gleichzeitig alles einwandfrei. Wahrscheinlich ein Zufall, ein zufälliger Defekt. Es fiel mir lange nicht auf, und ich verbuchte es einfach als Technikfehler. Bis ich zufällig las, dass es eher ein Fehler von den Menschen und ihren Denkmustern ist, die diese Spender konstruierten: Das Problem ist bei einigen Geräten, dass die Infrarot-Technologie auf einen bestimmten Hauttyp eingestellt ist. Es geht dabei um das Licht, dass auf weiße Haut trifft und reflektiert wird. Sofern dunkle Haut darunter gehalten wird, reagiert der Sensor im schlechtesten Fall gar nicht, da nach den Maßstäben in dieser Technologie zu wenig Licht reflektiert wird. Die Werte, nach denen der Sensor also eingestellt ist, sind auf einen bestimmten, also weißen Hauttyp eingestellt.

Es gibt viele solcher Fälle, die aufzeigen, dass Technik nicht jeden Menschen berücksichtigt, auch wenn sie uns auf den ersten Blick neutral erscheint. Das bedeutet für mich und andere People of Colour: Die Welt, in der wir uns bewegen, ist weiß geprägt, und die Maschinen, die gebaut werden, werden zwar seltener von weißen Menschen in den Fabriken zusammengesetzt, die Chefs der Firmen und ihre Ingenieure sind aber größtenteils weiß, und ihre Konstruktion setzt Weißsein auch oftmals als Norm voraus.

Geben wir online bei der Bildersuche »Geschäftsmann« in der Suchleiste ein, so finden wir zu 90 Prozent Bilder von weißen jungen Männern im Anzug auf den ersten Seiten – obwohl ich als Schwarzer Mann dies eingebe und der Algorithmus von Google »mitdenkt« und die Ergebnisse eigentlich an meine Person anpasst. Die KI, also die künstliche Intelligenz, die meist dahintersteckt, ist ein Mysterium, das bereits in vielen technologischen Geräten und Programmen steckt. Um mich diesem komplexen, aber wichtigen Thema zu nähern, sprach ich mit Kenza Ait Si Abbou.

Kenza Ait Si Abbou ist für mich eine Brückenbauerin, sie erklärt zurzeit in vielen Medien unsere digitale, von Algorithmen zersetzte Welt. Sie ist KI- und Robotik-Expertin und in meinen Augen ein passendes Role Model und ein Diversity Champion.

Sie erklärt KI damit, dass es nicht nur die eine Intelligenz in Maschinen gibt. Es gibt verschiedene, die Maschinen haben somit unterschiedliche Intelligenzen, was bedeutet, dass Maschinen lernen und sich permanent durch Daten weiterentwickeln. Daran lässt sich bereits ein Problem erkennen, denn Maschinen lernen von uns Menschen. Die Daten, die wir Maschinen zur Verfügung stellen, sind nun mal Basis für ihre Weiterentwicklung. Künstliche Intelligenz ist also ein stetiger Versuch der Imitation menschlicher kognitiver Fähigkeiten. Dies führt unweigerlich dazu, dass die automatisierten Entscheidungen durch Maschinen zu Diskriminierung führen können.

Kenza Ait Si Abbou betont aber, dass KI als Chance gesehen werden muss und eine generelle Verteufelung natürlich der vollkommen verkehrte Weg ist, denn die Vorteile von künstlicher Intelligenz können unseren Alltag enorm erleichtern. Offensichtlich ist ja, dass nicht die Maschine oder der Algorithmus diskriminieren, sie wiederholen nur das, was sie aus den Daten gelernt haben. Da die Daten von uns Menschen kommen, sind Algorithmen ein Spiegelbild der Gesellschaft. Sie zeigen auf, wo systematische Diskriminierungen in der Gesellschaft auftauchen und können uns sogar helfen diese aufzudecken.

»Viele Menschen verstehen nicht, dass ihr Handeln im Internet – ob Social Media oder Google-Suchanfragen – dazu führt, dass eine Maschine lernt und die Ergebnisse, beispielsweise im Newsfeed, nicht objektiv oder allgemeingültig sind, sondern individuelle Antworten, die zu ihrer Person passen. Die digitale Realität ist somit subjektiv.«

Nach der Auffassung von Kenza Ait Si Abbou können Tech-Unternehmen aber auch als Wegbereiter dienen und durch einen kritischen Umgang mit dem Thema und durch eine schnelle Offenlegung solcher Fälle auch Antreiber sein, um gesellschaftliche Missstände offenzulegen.

»Auch wenn das abstrakt klingt, so braucht es moralisches Know-How und eine Moralvorstellung in Tech-Unternehmen, die den Entwicklungsprozess bei der Entwicklung von künstlicher Intelligenz begleiten.«

Kenza Ait Si Abbou ist es wichtig, dass Diversity mit all ihren Dimensionen in der Tech-Welt Einzug hält. Dass dies seit einigen Jahren langsam passiert und sich von der reinen Fokussierung auf den Frauenanteil in der Tech-Branche löst, ist auch ihrem Engagement zu verdanken. Dabei sehe ich sie nicht primär als Vorkämpferin für Diversity, sondern letztendlich als Expertin für Künstliche Intelligenz. Und das betont sie selbst ausdrücklich, auch wenn ihr die Themen rund um Diversity wichtig sind. Sie hat sich erst vor wenigen Jahren klar dafür entschieden, sich auch zu Vielfalt öffentlich zu äußern. Es war eine bewusste Entscheidung, verstärkt in die Öffentlichkeit zu treten, um Barrieren in der Tech-Welt zu verringern und Chancengleichheit voranzutreiben.

Ihr Umfeld, in dem sie sich bewegt, ist international. Sofern sie sich in einem internationalen Kontext bewegt – und dies tut sie berufsbedingt nun mal vorwiegend –, ist das Thema Rassismus nicht oben auf der persönlichen Agenda. Ganz beiläufig erwähnt sie, dass sie natürlich auch Diskriminierung bei der Wohnungssuche erfahren hat. Aber das ist nicht ihr primäres Thema, wofür sie sich engagiert. Ihr geht es um eine veränderte Tech-Welt, die nicht nur mehr Frauen braucht, sondern auch einen anderen Umgang mit Wertvorstellungen und Diskriminierung.

Sie beobachtet natürlich, dass das Thema Diversity auf der Agenda vieler Medien steht, gerade weil sie vermehrt dazu Anfragen erhält und sie sich als Schwarze Frau zum Thema Vielfalt und Diskriminierung äußern könnte. Was ihr dabei auffällt, ist, dass vor allem im Umgang mit Medien auf einmal die angebliche Nationalität und Herkunft im Vordergrund steht: »Viele haben mich als Marokkanerin, die in Deutschland oder Frankreich lebt, gesehen und beschrieben. Auf einmal ist das wichtig.«

Dabei ist die Frage nach Herkunft für sie kein Thema, sie lebte bereits in vielen Ländern und tut sich daher schwer mit einer einzigen Verortung. Als sie von Spanien nach Deutschland zog, war es für einige Deutsche erstmal schwierig zu verstehen, warum sie mit diesem Namen einen spanischen Pass hat und somit Spanierin ist. Dass sie als Ausländerin angesehen wird, fällt ihr hingegen nicht kritisch auf, weil sie nun mal Ausländerin ist, eine Spanierin, die erst seit einigen Jahren in Deutschland lebt.

Ihre Ausführungen erinnern mich manchmal an mich selbst. Im Gespräch und in meiner Kurz-Vita erwähne ich zwar meist, dass ich in Ruanda geboren bin. Ich tue dies aber letztendlich nicht, weil es mir für meinen Werdegang und die Herausbildung meiner Persönlichkeit so wichtig erscheint, sondern weil ich im Vorfeld weiß, dass die Frage danach kommt und damit beantwortet ist. Zum anderen möchte ich mit der Info zu meinem Geburtsort eine – für manche vielleicht neue – Normalität aufzeigen, denn ich muss es nicht verstecken, auch wenn es »falsch« verstanden werden kann und ich in den Köpfen mancher Menschen dadurch erneut außerhalb der deutschen Gesellschaft positioniert werde.

Kenza Ait Si Abbou hat sich von vielen einseitigen Zuschreibungen losgesagt. Sie ist nicht die Marokkanerin, die es in Deutschland zu was gebracht hat, und sie kann auch nicht allgemein beantworten, wie es sich als Schwarze Frau in der Tech-Branche anfühlt. »Ich fühle mich einfach überall wohl, wo ich bin und lebe. Ob Europa, China oder Amerika, ich versuche schnell Wurzeln zu schlagen.«

Ihr selbst ist vollkommen bewusst, in welcher Welt sie lebt und dass auch die soziale Komponente eine wichtige Rolle spielt. Als angesehene Frau in einem großen Unternehmen, in sozial sicheren Verhältnissen, sagt sie: »Ich fühl mich privilegiert. Und dann trete ich aber seit einiger Zeit in der Öffentlichkeit auf, durch meinen Job und mein Engagement – und urplötzlich werde ich ständig damit konfrontiert, wo ich herkomme und wie es denn als Afrikanerin oder Schwarze Frau in meiner Branche sei?«

Das geht für sie in eine falsche Richtung und konterkariert ihr eigenes Denken über ihre Identität. Diese häufig einseitigen Rollenzuschreibungen treffen nun mal schwer auf ihre Person zu. Kenza Ait Si Abbou schaut nicht so sehr in die Vergangenheit, sie will mit ihrem Engagement und ihrer Arbeit die Zukunft positiv mitgestalten. Sie will nicht permanent kritisieren, sondern Lösungen anbieten. Was in ihrem Fall auch bedeutet, Maschinen mitzuentwickeln, die weniger diskriminierend sind, und dazu beizutragen, dass generell auch junge Mädchen einen versierten und einfacheren Zugang zu Tech-Themen erhalten. All das macht sie zu einem wichtigen Role Model, nicht nur für Schwarze Menschen in Deutschland, sondern für uns alle.

Hoffnung wagen.

Dass sich in den Medien insgesamt ein positiver Trend abzeichnen lässt, zeigt sich wie gesagt in den letzten zwei bis drei Jahren deutlicher. Zunehmend werden vor allem PoC als Moderator*innen eingesetzt, auch im Fiktionalen zeigen sich mehr PoC auf dem Bildschirm. Positiv hervorzuheben ist beispielsweise die erste Schwarze Nachrichtensprecherin beim ZDF fürs heute Journal mit Jana Pareigis. Eine der wichtigsten Institutionen im deutschen Fernsehen bekommt ein merklich neues Gesicht, das Signalwirkung ausstrahlt – eben nicht im jugendlich anmutenden Spartensender für junge Menschen, sondern zur Primetime im ehrwürdigen ZDF. Eine junge Schwarze Frau, die uns fernab von Klischees die wichtigsten Informationen des Tages präsentiert.

Zu beobachten ist aber auch, dass nicht selten zwar das mediale Bild vielfältiger wird, aber bei genauerer Betrachtung nur die Fassade neu gestrichen wurde. Hinter den Kulissen hat sich oftmals wenig getan. Jana Pareigis ist eine der wenigen positiven Ausnahmen, oder auch Florence Kasumba als Tatort-Kommissarin. Immer wieder bedienen sich Verantwortliche bei der Besetzung von neuen Rollen in Serien und Spielfilmen gängiger Klischees und versuchen meist durch die Besetzung von Nebenrollen ihren guten Willen für mehr Vielfalt unter Beweis zu stellen.

Aber trotz der kritischen Beleuchtung, seit einigen Jahren bewegt sich etwas. Ob im Tatort oder in Talk-Shows: Es wird ein wenig vielfältiger auf den Bildschirmen. Die Betonung liegt aber deutlich auf »ein wenig«. Der Weg, den viele Medienhäuser zurzeit einschlagen, ist löblich und weckt Hoffnung. Als die Schwarze Schauspielerin Florence Kasumba 2019 Tatort-Kommissarin wurde, hagelte es dennoch sofort Kritik, und dies nicht nur, weil sie Schwarz ist, sondern weil sie auch noch eine selbstbewusste und oftmals unkonventionelle Ermittlerin darstellt. Ein Affront für die gelernten Sehgewohnheiten des Tatort-Publikums, das zunächst mit dieser Kommissarin wenig anfangen konnte.

Ähnlich war es bei einer Werbekampagne der Deutschen Bahn im Jahr 2019: Gezeigt werden in der Kampagne der Fernsehkoch Nelson Müller, die Moderatorin Nazan Eckes und der ehemalige deutsch-finnische Formel-1-Rennfahrer Nico Rosberg. Klischeefrei, einfach in der Bahn fahrend. Eine schöne Kampagne, die die deutsche Gesellschaft abbildet.

Ich hatte mich damals gefreut, als ich sie sah. Das ist für mich die Art von Kommunikation, von der wir mehr brauchen. Aber anscheinend bildet sie auch ein Deutschland ab, wie es sich sogar der (noch) Grüne Oberbürgermeister von Tübingen und oft eingeladene Talkshow-Gast Boris Palmer nicht wünscht, der sich darüber öffentlich aufregte. Palmer schrieb dazu auf Twitter: »Der Shitstorm wird nicht vermeidbar sein. Und dennoch: Ich finde es nicht nachvollziehbar, nach welchen Kriterien die ›Deutsche Bahn‹ die Personen auf dieser Eingangsseite ausgewählt hat. Welche Gesellschaft soll das abbilden?«[31]

Wie von Palmer vorausgesagt, erntete er einen Shitstorm, an seiner rechten Haltung und seiner Mitgliedschaft bei den Grünen hat es bis dato nichts geändert – auch wenn er bei der nächsten Oberbürgermeisterwahl als Parteiloser antreten wird. Auch er versucht, bei vielen Menschen Ängste zu schüren, und spiegelt zugleich die trügerische Sehnsucht eines weißen Deutschlands nach den glorifizierten guten, alten Zeiten wider. Gut jedoch nur für diejenigen, die dazugehören, nicht für all jene, die immer außen vor bleiben. Es ist eine Sehnsucht, die Ausgrenzung impliziert.

Aber normal?

Im Bundestagswahlkampf 2021 nutzte die AfD den Kampagnen-Claim: »Deutschland. Aber normal.« Es ist der Versuch, das Stimmungsbild der Menschen in Deutschland aufzuschnappen. Endlich wieder mehr Normalität leben, in diesen Pandemie-Zeiten, die damals schon über ein Jahr unser Leben auf den Kopf gestellt hatten. Der Normalitätsbegriff hatte aber nicht nur durch Corona Hochkonjunktur, auch in anderen gesellschaftlichen Diskursen gibt es eine Sehnsucht nach Normalität.

Was verstehen die AfD oder die BILD-Zeitung unter dem Normalitätsbegriff? Ist es das fiktionale Bild eines Deutschlands der 50er-Jahre, ein Deutschland, in dem das N-Wort geläufig ist, niemand über Frauenquoten in Führungsetagen oder den Gender-Pay-Gap diskutiert? »Normal« ist ein Begriff, den wir am besten aus unserem Wortschatz entfernen sollten, wenn wir Vielfalt und Diversität in Deutschland leben wollen.

Normalität oder die Norm gibt es im Zusammenhang mit Diversität nicht. Es ist für mich kein Problem, diesen Begriff im beiläufigen Sprachgebrauch zu verwenden, aber im tieferen, inhaltlichen Diskurs ist er unangebracht. Normalität hängt immer mit Normen zusammen – und gerade diese Normen müssen wir hinterfragen, wenn wir ein wertschätzendes Miteinander in gelebter Vielfalt anstreben. Die Normalität als das Selbstverständliche in einer Gesellschaft, etwas, das nicht mehr erklärt werden muss – dies kann im Vielfaltskontext aber nicht funktionieren, da es die Unterschiedlichkeit eines Jeden negiert.

Werden die einen als normal definiert, werden andere auch immer als nicht normal wahrgenommen und ausgegrenzt. Diese Differenzierung, Stichwort »Othering«, passiert manchmal unterschwellig und manchmal offensiv, wie zum Beispiel mit Elke Heidenreich im Oktober 2021 in der ZDF-Sendung von Markus Lanz. Es ging um die neu gewählte Vorsitzende der Grünen Jugend Sarah-Lee Heinrich. Die damals 18-Jährige hatte in ihrer Kindheit einen unsäglichen Tweet abgesetzt, für den sie sich 2021 entschuldigte. Die 78-jährige Heidenreich äußerte sich in der Lanz-Sendung zu der jungen Frau und dem Shitstorm, der über Heinrich aufgrund des alten Tweets hereingebrochen war. Heidenreich hierbei über Sarah-Lee Heinrich: »Sie hat überhaupt keine Sprache« und weiter »Wenn einer aussieht wie sie, frage ich natürlich: Wo kommst du her?«[32] Dass eine wichtige intellektuelle Stimme Deutschlands solche Äußerungen macht, lässt PoC in Deutschland sprachlos zurück. Aber Heidenreichs Äußerungen stehen auch sinnbildlich für das Denken vieler Menschen in diesem Land.

Um die Aussagen hier kurz einzuordnen: Die Hinweise auf die sprachlichen Fähigkeiten der jungen Politikerin sind abwertende Diffamierungen, hingegen ist die Frage nach der vermeintlichen Herkunft klassische Diskriminierung. Heidenreich leugnet den Fakt, dass sie zu dem Zeitpunkt wusste, wo Frau Heinrich geboren wurde – nämlich in Iserlohn. Ebenso bewertet sie die Politikerin rein nach ihrem Phänotyp.

Sowohl Elke Heidenreich als auch Boris Palmer zeigen mit ihren negativen Beispielen, was in den Köpfen vieler Menschen in Deutschland noch immer vorherrscht, welche Denkweisen sie vertreten und was sie fühlen. So vermeintlich intellektuelle und belesene Personen, eine renommierte Schriftstellerin und ein Grünen-Politiker, beides Menschen, denen vielleicht jeder AfD-Sympathisant das boshafte Gutmensch-Siegel verpassen würde, äußern sich öffentlich diskriminierend. Und – dies ist vielleicht noch bedauerlicher – sie reflektieren auch nicht die Kritik an ihren Aussagen und lassen sie stattdessen mit einem Achselzucken stehen.

Ein im Übrigen häufiges und trauriges Phänomen, das mir immer wieder im Gespräch auffällt: die fehlende Einsicht nach diskriminierenden Bemerkungen. Oftmals wird fast schon empört reagiert, warum ich denn gleich die Rassismus-Keule aus der Schublade hole. Es zeigt sich leider, dass wir die Diversity-Debatte mehr denn je brauchen und ebenso die damit einhergehenden Veränderungen. Die Wirtschaft und vor allem auch die Medien können mit gutem Beispiel vorangehen. Einige Medien tun dies auch, und es lässt Hoffnung aufkommen, dass sich auch in der Breite etwas verändert.

Erste Schritte.

Die UFA, als wichtige Unterhaltungsfirma in Deutschland und verantwortlich für etliche Daily Serien wie *Gute Zeiten, schlechte Zeiten*, Filme und Kassenschlager wie *Ich bin dann mal weg* und Shows wie *Deutschland sucht den Superstar*, hat sich 2020 eine Selbstverpflichtung auferlegt, für mehr Diversität vor und hinter der Kamera. Leider in der Wirkung begrenzt, da solche Richtlinien keiner externen und damit objektiven Analyse unterliegen, sind sie aber zumindest ein erster Schritt. Definiert wurde übergreifend das Ziel: »Die UFA will Diversität als Normalität zeigen, statt stereotypische Narrative durch Geschichten und Besetzung zu verstärken. Chancengleichheit steht hierbei im Mittelpunkt. Als Basis für Nachvollziehbarkeit und Messbarkeit werden für das UFA-Programm Ziele definiert, die sich am Zensus der Bundesregierung orientieren.«[33]

Für mich sind zwei Aspekte daraus besonders wichtig: dass es der UFA vor allem darum geht, erstens Klischees zu brechen und zweitens neue Narrative zu entwickeln.

Des Weiteren ist es sinnvoll und wichtig, sich messbare Ziele zu setzen. Vor allem Letzteres ist zentral, um überhaupt herauszufinden, ob die Maßnahmen zu mehr Diversität Früchte tragen. Es bleibt abzuwarten, wie die UFA darauf achten möchte, dass stereotypische Bilder gebrochen werden. Eine Aufgabe wird hierbei definitiv wichtig sein, nämlich wie Diversität hinter der Kamera und im Management berücksichtigt wird.

Schlaglichter einer neuen Unterhaltung gibt es, wie die Serie *Nachtschicht* im ZDF, die zwar selten, aber zur Primetime im Fernsehen zu sehen ist. Schwarze Figuren und Figuren of Color werden hier nicht genutzt, um bedeutungsstarke Hintergrundgeschichten oder Klischees zu bedienen, sondern sind einfach in ihrer Rolle zum Beispiel als Ermittlerin zu sehen. Im Spartensender ZDFneo oder in der ARD-Mediathek tauchen ebenso vermehrt neue Formate auf, die neue Bilder zeigen. Sei es in der ARD die schöne Serie *ALL YOU NEED* oder bei ZDFneo Sendungen wie *Doppelhaushälfte*.

Vielfalt macht Werbung.

Hier lohnt sich auch ein weiterer Blick in die Werbung: Sind die Zeiten von *Mad Men*, das Zelebrieren von Chauvi-Kultur wirklich vorbei und nichtig? Wie haben sich TV-Spots, Banner und Plakate geändert? Werbung ist nicht nur im Kontext der Diversity-Debatte elementar, sie spielt auch in meinem Leben eine wichtige Rolle, da ich einige Zeit in Werbeagenturen arbeitete und dies auch sehr gern tat.

Direkt nach meinem Studium der Politikwissenschaft verfolgte ich den Plan, in keine Klischee-Falle zu tappen. Ich studierte Politikwissenschaft aus Leidenschaft, wie ich ja bereits berichtete. Bevor die Welt gerettet werden kann, muss sie erstmal verstanden werden, so der Antrieb von mir und meinen Kommiliton*innen, von denen viele immer noch meine besten Freund*innen sind.

Für mich standen im Hauptstudium vor allem internationale Beziehungen auf dem Semesterplan. Demokratieforschung und Entwicklungspolitik. Der Weg für meine Zukunft war eigentlich geebnet. Meine Abschlussarbeit schrieb ich über die politische Entwicklung in Ruanda nach dem Genozid. Nach einem ausgiebigen Praktikum in

Ruanda beim damals noch bestehenden Deutschen Entwicklungsdienst hätte ich nach dem Diplom eigentlich in die Entwicklungszusammenarbeit gehen sollen und müssen. Ein Weg, der mich durchaus interessierte, aber auch nur unter anderem.

Zeitgleich war es die Zeit, in der wir alle mehr von einem Schwarzen Politiker in den USA hörten, der anstrebte, Präsident zu werden, und mit einem außergewöhnlichen Wahlkampf ins Rennen ging. Wahlkampf, Kommunikation und Werbung interessierten mich fast gleichwertig und dies bereits seit meiner Jugend. Und, das ist der entscheidende Punkt, ich dachte, wenn ich jetzt als Schwarzer Deutscher in die Entwicklungspolitik gehe, dann komme ich da nie wieder raus und kann andere Interessen beruflich nicht mehr ausleben. Mein Gefühl war, ich würde allein durch meine Hautfarbe für immer in diesen Job reingepresst werden.

So entschied ich mich für eine Werbeagentur in Berlin, die auch die SPD betreute und aller Voraussicht nach deren nächsten Bundestagswahlkampf entwickeln sollte. Das Interesse am Wahlkampf entstammte dabei wie gesagt nicht zuletzt der politischen Entwicklung in den USA und dem Aufstreben Barack Obamas, der 2007 seine Präsidenschaftskandidatur verkündete.

Werbung, ein Spiegel der Gesellschaft, aber immer auch ein Treiber von Stereotypen und falschen Rollenbildern. Vor allem in Bezug auf Geschlechterbilder hat die Werbung viel dazu beigetragen, nicht den Fortschritt, sondern althergebrachte Klischees zu bedienen. Frauen in High Heels, die ihre Kleiderschränke zeigen, Männer vor Bierkühlschränken und so weiter und so fort. Das ist Werbung, ein Spiegelbild, aber eben auch Überzeichnung von Trends und Stereotypen.

Für mich ist Werbung dennoch auch ein essentieller Treiber, der vor allem für junge Menschen heute Lebenstrends bestärken kann. Ob eine Kultur wie HipHop oder die Gaming-Welt, Werbung okkupiert Trends, macht sie für Unternehmen nutzbar und bietet im besten Fall relevante Lösungen für die potentiellen Konsument*innen an.

Aus meiner Sicht nach wie vor eine spannende und wahnsinnig reizvolle Spielwiese, in der ich trotz einiger Schwierigkeiten gern gearbeitet habe und im weitestgehenden Sinne noch tue, nur eben nicht mehr für Agenturen.

Diversität hat in der Werbung massiv Einzug gehalten. Sie wirkt nicht mehr nur als Reaktion auf gesellschaftliche Trends, sondern auch als Initialkraft und damit als positives Abbild für eine reale gesellschaftliche Entwicklung.

Diese Annahme bekräftigte in Gesprächen auch eine deutsche Werbeikone, die auch für meinen Weg in die Werbebranche eine zentrale Rolle spielte. Marcel Loko ist Co-Gründer der Werbeagentur »Zum goldenen Hirschen« und einer der wenigen Schwarzen Gründer in Deutschland. »Die Hirschen«, wie die Agentur auch gerne genannt wird, sind mittlerweile eine der größten unabhängigen Werbeagenturen Deutschlands. Sie betreuen namhafte Kunden wie Media Markt oder das Land Baden-Württemberg.

Für Marcel Loko ist Werbung eine treibende Kraft in der seit einigen Jahren geführten Debatte über Diversität. Ein Beispiel hierfür: Die deutsche Traditionsmarke Mercedes-Benz stand lange auch für deutsches Kulturgut, nämlich den Wackeldackel und die Häkel-Klorolle auf der Hutablage des Benz, die man heute aufgrund fehlender Hüte gar nicht mehr braucht. Diese Marke warb 2017 plötzlich mit einem Schwarzen amerikanischen Rapper für ihre Kompaktklasse. Ein kleiner Affront für alle Wackeldackel, die sich selbstverständlich in den sozialen Medien über diesen jungen Schwarzen Rapper aus den USA entrüsteten, der plötzlich für ihre deutsche Marke warb.

Ein Anfang, der sich in den folgenden Jahren bei vielen Unternehmen und ihren Werbe-Aktivitäten fortsetzte. Ob Rügenwalder Mühle, Deutsche Bahn oder die Telekom, sichtbare Diversität ist heute Teil fast aller Kampagnen. So massiv, dass es auch einen kritischen Blick braucht: Ist es nur ein Trend, oder steckt dahinter auch die Überzeugung der jeweiligen Agenturen, die diese Werbung entwickeln?

Schließlich gibt es eine kaufkräftige junge Zielgruppe, die das Thema per se wichtig findet.

Seit jeher kennt man die Debatten über Sexismus in der Werbung. Die laszive, halbnackte Frau auf dem Plakat, die Werbung für einen Tintenstrahldrucker macht. Heute oft weniger plump, aber immer noch omnipräsent, ist Sexismus in der Werbewelt nicht von der Hand zu weisen. Ein Problem, das zugleich in der Gesellschaft verankert ist und sich in vielen Branchen widerspiegelt.

Das zeigt sich auch innerhalb der Werbe-Branche selbst und wurde durch einen ZEIT-Artikel im August 2020 über Sexismus in einer bekannten Werbeagentur auch einer breiteren Öffentlichkeit bewusst.[34] Nach Auffassung von Marcel Loko hat sich viel geändert nach diesem Skandal, der die Zustände und Arbeitsatmosphäre für weibliche Angestellte in der Agentur offenbarte, und vor allem nach den schrecklichen Ereignissen in den USA, die mit dem Tod George Floyds einhergingen und zur Entstehung der sozialen Bewegung Black Lives Matter geführt haben. Die Branche reagierte, nach innen und nach außen. Dabei zeigt sich aber auch, dass erst etwas passieren musste, bevor die Branche tatsächlich aktiv wurde. Doch auch Kund*innen, welche die Agenturen für ihre Werbung buchen, wollen keine Machokultur mehr, die früher durchaus üblich war.

»Wir können heute nicht mehr zu einer Präsentation mit nur fünf Männern fahren. Sowohl wir selbst als auch der Kunde verlangt ganz selbstverständlich ein neues Bild«, so Marcel Loko hierzu.

Dies spiegelt sich auch in der Werbung selbst wieder:

> »Diversität ist nachgefragt. Keine Werbekampagne, die nicht divers ist heutzutage. Auch bei hochtechnischen Produkten muss es divers sein, das ist oft bereits Teil des Briefings. Ein guter und spannender Wandel ist in den letzten zwei Jahren zu erkennen.«

Ein Wandel, den ich zurzeit bestätigen kann, ob Fielmann, die bereits genannte Deutsche Bahn oder Rügenwalder Mühle – Werbung in

Deutschland hat sich geändert und versucht verstärkt, Vielfalt ohne Stereotype aufzuzeigen. Ein positiver Trend, der Hoffnung in mir wachsen lässt, dass sich unser unbewusstes Denken über Stereotype durch die Penetranz der Werbung zumindest leicht verändert.

IDENTITÄT.

Warum ich keinen Migrationshintergrund habe.

W ie ich im vorangegangenen Kapitel bereits erwähnte, habe ich ein Problem mit dem Begriff Migrationshintergrund. Ich muss zugleich aber festhalten, dass es klare Begrifflichkeiten braucht, um beispielsweise im Dialog zu wissen, wovon beide Seiten genau sprechen. Daher taucht der Begriff auch in diesem Buch an der ein oder anderen Stelle auf, da er trotz aller Kritik versucht, eine Entwicklung in der Gesellschaft zu beschreiben. Als problematisch empfinde ich es aber – und das trifft beim Begriff Migrationshintergrund leider auch zu –, wenn Begriffe emotional und damit manchmal diffus aufgeladen werden.

Dabei sind solche Begriffe für sozial-politische Debatten immanent wichtig, da sie uns ein Werkzeug an die Hand geben, um kohärente Meinungen zu formulieren. Sie müssen daher trennscharf und klar sein, um im medialen und wissenschaftlichen Diskurs verstanden zu werden. Für mich spielt der Begriff natürlich eine zentrale Rolle, da ich oft mit der Frage konfrontiert werde, was denn mein Migrationshintergrund sei. Ebenso begegnet er mir neuerdings in Bezug auf meine Tochter, der ein Migrationshintergrund angedichtet wird. Meine Tochter, die Einzige in unserer Familie, die sich nach den regionalen Gesetzgebungen ihr Leben lang als wahre Münchnerin bezeichnen darf.

Der Begriff Migrationshintergrund wurde vom statistischen Bundesamt eingeführt, um für den Bevölkerungszensus eine klare Abgrenzung zwischen Menschen mit Migrationshintergrund und Menschen ohne ebendiesen durchzuführen. Er wurde 2005 etabliert, um Integrationsverläufe über mehrere Generationen aufzuzeigen. Zu der

Erkenntnis kam das Amt, weil die bloße Unterscheidung in Deutsche und Ausländer – also in Menschen mit der deutschen Staatsbürgerschaft und denen ohne – wenig aussagekräftig über die Folgen von Migration in Deutschland ist.

Definiert wird ein »Migrationshintergrund« laut Statistischem Bundesamt so: »Zur Bevölkerung mit Migrationshintergrund zählen alle Personen, die die deutsche Staatsangehörigkeit nicht durch Geburt besitzen oder die mindestens ein Elternteil haben, auf das dies zutrifft. Im Einzelnen haben folgende Gruppen nach dieser Definition einen Migrationshintergrund: Ausländerinnen und Ausländer, Eingebürgerte, (Spät-)Aussiedlerinnen und (Spät-)Aussiedler, Personen, die durch die Adoption deutscher Eltern die deutsche Staatsbürgerschaft erhalten haben, sowie die Kinder dieser vier Gruppen.«[35]

Laut Definition des Statistischen Bundesamts habe ich einen Migrationshintergrund, und sogar meine Tochter gehört nach dieser Definition in die Gruppe der Deutschen mit Migrationshintergrund. Betrachten wir es wertfrei: Geboren wurde ich in Ruanda, so erhielt ich nicht direkt mit Geburt den deutschen Pass, sondern erst mit der Adoption, die aber relativ direkt nach meiner Geburt stattfand und mit der, wie erwähnt, meine ersten Erinnerungen in Ostfriesland beginnen.

Kein wertfreier Begriff.

Ich glaube, meine Mutter hat sich in all den Jahren nie Gedanken darüber gemacht, ob sie in diese begriffliche Kategorie fällt oder nicht, obwohl sie seit über fünfzig Jahren in Deutschland lebt. Sie ist Niederländerin, nach wie vor, ihre Staatsbürgerschaft hat sie nie abgelegt. Sie, die Ausländerin, hat sich, wenn sie sich fremd fühlte, einfach immer als Niederländerin gefühlt. Nun, mir wäre es selbst wohl erst sehr spät aufgefallen, dass ich irgendeine direkte Verbindung zum schönen Kontinent Afrika habe und in Ruanda geboren bin, wenn mir nicht immer gesagt worden wäre, dass ich Schwarz bin.

Zwei Menschen mit Migrationshintergrund, die ganz unterschiedlich mit dem Begriff konfrontiert werden. Die eine Person, meine Mutter, sagt es manchmal aus Überzeugung und mit viel Selbstbewusstsein, dass sie noch Niederländerin ist. Ich, der die Notwendigkeit von klar umrissenen Begriffen aus wissenschaftlicher Perspektive nachvollziehen kann, der aber auch eine verfälschte Zuschreibung darin sieht. Ich, der sich manchmal fremd im eigenen Land fühlt, weil ihm konstant eine Fremdzuschreibung übergestülpt wird, bis hin zur rassistischen Ausgrenzung.

Eine Generation später wird es noch schwieriger: Ich blicke auf meine Tochter – wie wird sie diesen Begriff beurteilen, wenn ich bereits meine Probleme damit habe? Sie, die geborene Bayerin, die dennoch nach der Definition einen Migrationshintergrund hat. Der Begriff erfasst zugleich Personen nicht, die in der dritten oder vierten Generation hier leben. Dies kann man natürlich positiv interpretieren, da die Unterscheidung wegfällt, doch im alltäglichen Gebrauch fällt diese Komponente nicht weg.

Diskriminierungserfahrungen sind weniger davon abhängig, wo Menschen geboren oder aufgewachsen sind, sondern wie sie von anderen wahrgenommen und klar umrissenen Gruppen zugeordnet werden. Schwarze Menschen werden somit auch in Folgegenerationen noch Rassismuserfahrungen machen, egal wie lange sie oder ihre Familien schon in Deutschland zu Hause sind. Um also Diskriminierungserfahrung zu erforschen, reicht der Begriff Migrationshintergrund einfach nicht aus.

Mein Problem mit dem Begriff keimt außerdem vor allem im Kontext der medialen Verwendung auf, da diese oft mit einer eindeutigen Be- und Abwertung einhergeht. Der Diskurs und die Verwendung von »Migrationshintergrund« sind somit mit negativen Werten aufgeladen. Stellen Sie sich eine Straßenbefragung in einer deutschen Kleinstadt vor: »Was verbinden Sie spontan mit dem Begriff Migrationshintergrund? A) Eine Bereicherung für die Gesellschaft oder B) erhöhte Kriminalität?« Die Antwort dürfen Sie sich selbst geben.

Ein Blick in die Medien, gerne wieder in die auflagen- und reichweitenstarke BILD-Zeitung, zeigt deutlich, dass der Begriff Migrationshintergrund vor allem im Zusammenhang mit »Krawallnächten« oder »Clan-Kriminalität« verwendet wird. Ein Beispiel aus der jüngeren Vergangenheit: die nächtlichen Ausschreitungen von Jugendlichen in Stuttgart, die während des Lockdowns 2020 die Stuttgarter Innenstadt verwüsteten und Polizist*innen angriffen. Die Polizei Stuttgart wollte danach untersuchen, ob die Täter*innen einen Migrationshintergrund haben, und machte dies direkt publik.[36]

Aus Sicht vieler Bürger*innen war damit der Fall geklärt und die Täter*innenschaft eindeutig: Die Jugendlichen, die randalieren und Gewalt ausüben, haben einen Migrationshintergrund und gehören somit nicht »zu uns«. Es wird ihnen abgesprochen, ein Teil der deutschen Gesellschaft zu sein, es sind immer die Anderen und dies im negativen Sinne. Der Begriff wird gern verwendet, um eine sprachliche Barriere zwischen einem Wir und den Anderen aufzubauen. Der Begriff Migrationshintergrund ist in seiner alltäglichen medialen Verwendung ein verharmlostes Beispiel für genau diesen Mechanismus.

Der Begriff steht nicht mehr als wissenschaftliche Größe zur objektiven Beschreibung von Entwicklungen in der Gesellschaft, er ist rassistisch aufgeladen und besetzt. Er gilt nicht für Menschen, die beispielsweise wie meine Mutter weiß sind und aus den Niederlanden kommen, sondern für Menschen, die aus Sicht der Mehrheitsgesellschaft »nach einem Migrationshintergrund aussehen«. Also allen, die als »nicht-weiß« gelten, wird angeheftet, dass sie einen sogenannten Migrationshintergrund haben, es sind die Anderen Deutschen. Eine Hierarchisierung, die auch als »Othering« beschrieben wird und nicht zuletzt ein Grund dafür ist, warum ich mich mit dem Begriff nicht identifiziere und ihn für mich selbst nicht verwende. Es braucht neue

Begrifflichkeiten, die individuelle Zuwanderungsgeschichten sowie eigene Erfahrungen von Flucht oder Migration berücksichtigen. Sie würden verdeutlichen, dass Menschen eine ganz persönliche Geschichte mitbringen. Es geht um die Geschichte der Zuwanderung, auch in der Eltern- oder Großelterngeneration, was auch folgende Generation mitprägt. Somit könnte man von Migrationserfahrung (wie ich es zuvor schon verwendete) oder Zuwanderungsgeschichte sprechen. Diese Begriffe individualisieren, da sie sich auf die Geschichte beziehen, auf das, was eine Person tatsächlich mitbringt und gesellschaftlich einbringen kann.

Deine und meine Identität.

Wenn über Vielfalt debattiert wird, wird auch oftmals über Identität oder Identitätspolitik gesprochen. Für mich ist es bedeutend, da mich Fragen nach meiner Identität manchmal zum Nachdenken bewegen, nicht zuletzt aufgrund häufiger Nachfragen dazu, was denn meine »tatsächliche« Identität sei. Früher häufiger, wie in den ersten Kapiteln beschrieben, heute seltener, aber solche Fragen kommen vor, vor allem in Verbindung mit jenen nach einer angeblich richtigen oder wahren Herkunft. Die Frage nach Identität ist zudem durch eigene Diskriminierungserfahrungen präsent und durch das damit verbundene Gefühl, nicht immer als Teil dieser Gesellschaft gesehen zu werden, und dem Gefühl, eben genau dies sein zu wollen.

Die individuelle soziale Identität ist also allein unter Berücksichtigung dieser ganz persönlichen Fragen und Erfahrungen nicht nur als individuelle innere Größe anzusehen, sondern auch unter Berücksichtigung der Außenwelt. Identität ist also auch eine Form der Selbstverortung, im Sinne von »hier gehöre ich hin, hier fühle ich mich wohl, hier kann ich sein«. Sie ist eine Konstruktion, die sich durch das Umfeld, in dem man lebt, wandelt und von diesem mitbestimmt wird. Somit steht die Frage nach Identität im Zusammenhang mit Anerkennung und Zugehörigkeit. Auch sie muss betrachtet werden, um Vielfalt gesellschaftlich und individuell positiv zu gestalten – gemäß der Frage, wie sich der Einzelne zugehörig und anerkannt fühlt und wie der Umgang einer (imaginären) Mehrheit mit Minderheiten ist.

Die Literatur- und Verlagsbranche stellt sich oftmals weltoffen und vielfältig dar, ist aber ein treffliches Beispiel dafür, wie falsch manche Selbstwahrnehmung sein kann. Nicht zuletzt beobachten wir es Jahr für Jahr auf der Frankfurter Buchmesse, die erhebliche Schwierigkeiten damit hat, einen souveränen Umgang mit eindeutig rechtsradikalen Verlagen zu entwickeln.

Jedes Jahr aufs Neue führt das zur medialen Diskussion. Autor*innen sagen ihre Teilnahme ab, es gibt Tumulte auf der Messe selbst und das Bedauernswerte dabei ist, dass die rechtsradikalen Verlage dadurch eine mediale Aufmerksamkeit erhalten, die ihnen nun wirklich niemand gönnt. Der Fall unterstreicht zweierlei: Zum einen, dass viele Organisationen noch keinen souveränen Umgang mit rechtsradikalen Firmen und Organisationen am rechten Rand (in diesem Fall Verlagen) gefunden haben, und zum anderen zeigt sich auch gleich die Ursache für dieses Problem. Wenn Menschen nicht unmittelbar selbst von Diskriminierung, Anfeindung und in diesem Fall Gewalt- und Morddrohungen betroffen sind, wie nun mal die meisten weißen Menschen, die solche Entscheidungen treffen, werden die Themen gern kleingeredet, bis sie – so die Hoffnung – von selbst verschwinden. Und dann stehen die Themen im nächsten Jahr mal wieder nicht auf der gedanklichen Agenda, über die die Organisator*innen im Vorfeld tiefgründiger nachgedacht haben.

Selbstverständlich kann ich aus eigener Erfahrung sagen – ich arbeite nun insgesamt acht Jahre in dieser Branche –, dass die Literaturbranche sich redlich bemüht, reflektierter zu sein, frei von Bias, Vorurteilen oder Diskriminierungen. Aber auch diese, meine Branche tut sich schwer. So wird Diversität unter deutschen Autor*innen immer noch wenig untersucht und thematisiert, die wenigsten Autor*innen weichen von der weißen Norm ab.

People of Color, Menschen mit Behinderung und queere Menschen bedienen zumeist Sachbuchthemen, die sich mit genau diesem Teil ihrer Identität und den damit verbundenen Diskriminierungserfahrungen auseinandersetzen. Ja, das trifft auch auf mich zu! Auch ich verspüre, wie anscheinend viele andere minorisierte Menschen, den Drang, unsere Lebenswelt ein Stück weit besser zu machen. Und dabei ist das geschriebene Wort mächtig, zum Glück!

Das Schöne ist, besonders im Vergleich zu den Jahren meiner Kindheit und Jugend, dass wir mehr werden – auch in der Buchbranche. Vor allem aber, dass unsere Stimmen gehört werden und sich in den Bestsellerlisten wiederfinden. Für mich sind diese Entwicklungen mit der Hoffnung verbunden, dass die erfolgreichen Bücher auch einen gesellschaftlichen Wandel anstoßen und damit zum Abbau von Diskriminierung und mehr Chancengleichheit beitragen. Alice Hasters, Aminata Touré, Kübra Gümüşay, Emilia Roig, Mohamed Amjahid oder Tupoka Ogette, sie alle verkörpern mit ihren Büchern ein neues Gefühl, das hoffentlich ein Stück weit zu diesem Wandel beiträgt und unser Leben miteinander reicher macht.

Neue Wege, neue Bilder.

Zur Frage nach Identität, nach Selbst- und Fremdwahrnehmung musste ich auch an meine Gesprächspartnerin denken, die Autorin Melanie Raabe. Sie gibt wichtige Impulse für unser Thema und bietet vor allem aber auch genau die Art von Role Model, von der es mehr in unserer Gesellschaft braucht.

Melanie Raabe ist eine sehr erfolgreiche Schriftstellerin, bekannt für ihre spannenden und sagenhaft guten Thriller. In ihrer Arbeit löst sie sich von dem, was viele von ihr erwarten. Vor dem Gespräch mit ihr hatte ich viele Fragen und vor allem eine Vermutung, die ich für mich aufzulösen hoffte. Ich fragte mich, inwieweit sie als Schwarze Deutsche beispielsweise in Interviews und in Berichten über ihre Bücher in die Rolle einer Rassismus-Expertin gedrängt wird oder wie oft sie auf ihre Hautfarbe angesprochen wird. Wie häufig erleidet sie das oft automatische, unbewusst ablaufende Prinzip des Otherings, bei dem ein Teil der Bevölkerung zu einer fremden und minderwertigen Gruppe gemacht wird?

Es gibt das eine »Uns«, den Standard, und die anderen, die nicht vollwertig dazugehören. Diese Argumentation ist manchmal subtil und manchmal sehr offensiv. Othering beginnt meines Erachtens meistens schon damit, dass ein Gespräch gleich mit der Frage nach der vermeintlich »anderen« Herkunft beginnt. Die Frage »Wo kommst du denn her – also so wirklich?« darf gestellt werden und kann in einem längeren intimen Gespräch unter Bekannten auch interessant sein, nur zeigt sich oftmals eine andere Intention bei dieser Frage, nicht zuletzt unbewusst. Für mich sind bei Gesprächen über Herkunft und Identität der Kontext und der Grad des Vertrauens im zwischenmenschlichen Umgang entscheidend. Mich stört es, wenn noch vor einer Vorstellungsrunde, noch vor einem simplen Small Talk des Annäherns und Beschnupperns, damit hereingepoltert wird, wo man denn tatsächlich herkomme.

Melanie Raabe, wie ich Jahrgang 1981, ist in Jena geboren und spiegelt gleich zu Beginn unseres Gesprächs wider, was ich oft erlebe und was ich allgemein wichtig für einen vernünftigen Umgang und Dialog zwischen weißen Menschen und PoC finde. Vor allem nach hässlichen rassistischen Ereignissen, die kurzzeitig auf der Agenda der Medien sind, ist das Interesse nach unserer Meinung zu Rassismus-Themen oder auch zu der eigenen Biografie groß. Dabei ist es per se nicht verkehrt oder falsch, danach zu fragen, es sollten nur der Kontext und die tatsächliche Intention berücksichtigt werden, die sich auch hinter einer scheinbar trivialen Frage verbergen.

Das bedeutet unter anderem, dass nicht jede Schwarze Person zu jedem rassistischen Vorfall immer ihre Meinung äußern muss oder gar ein*e Expert*in für Rassismus ist. Ich habe mich dafür entschieden, mich dem Thema Diversity durch dieses Buch zu nähern. Dass ich in diesem Rahmen also zu Diversity und Diskriminierung befragt werde, ist für mich daher keine nennenswerte Überraschung. Nichtsdestotrotz ziehe auch ich Grenzen, nämlich dann, wenn ich das Gefühl habe, dass die Fragen unhöflich werden oder einen diskriminierenden Ton bekommen. Ebenso auch dann, wenn der Rahmen der falsche ist. Ich muss nicht geradewegs bei sengender Hitze in der Warteschlange der Eisdiele mit dem Kind im Buggy »Small Talk« darüber aufgedrückt bekommen, ob denn das Lied »Die Affen rasen durch den Wald« mich verletze.

Melanie Raabe kennt dieses Problem und berichtet mir aber von einem weiteren Problem, mit dem sie wie viele andere Frauen immer wieder zu kämpfen hat: Sexismus. Als Mann erlebe ich Sexismus aus der Beobachterrolle. Sexismus spielt natürlich für das gesamte Thema Diversity eine immanente Rolle, also für das Leben in Vielfalt mit mehr Chancengleichheit und vor allem mit dem Bestreben danach, Barrieren und Diskriminierungen zu minimieren. Sie erzählt:

Ich kenne das Problem, dass, obwohl ich beispielsweise über ein neues Buch sprechen möchte, plötzlich (und unabgesprochen) Fragen zu Diskriminierungserfahrungen oder auch zur Herkunft gestellt werden. Das empfinde ich oft als übergriffig. Mein Eindruck ist, dass mit Opfern anderer traumatischer Erlebnisse oft umsichtiger umgegangen wird. PoC hingegen scheinen der Mehrheitsgesellschaft Antworten regelrecht zu schulden. Immer und überall. Dagegen verwahre ich mich. Interesse ist per se eine gute Sache, solange es nicht in Anspruchsdenken kippt. Was mich ebenfalls bedrückt, ist das immer wiederkehrende Spiel zwischen Rassismus und Sexismus. Unterschwellig und manchmal erst auf den zweiten Blick zu erkennen. Warum muss ein Artikel über mein Buch mit einem ganzseitigen Bild von mir beginnen?

Den Weg, den Melanie Raabe für sich eingeschlagen hat, finde ich bewundernswert – deutlich zu machen, wofür sie steht und worauf sie nicht reduziert werden möchte. Sie ist Schriftstellerin und keine Rassismusexpertin. Die Tatsache, Opfer von Diskriminierung zu sein, bedeutet nicht gleichzeitig, dass wir (PoC) uns dazu ständig öffentlich äußern müssen. Glücklicherweise hat sich in den letzten Jahren viel getan, dank auch der bereits angeführten Autor*innen, die sich dem Thema widmeten und Teile der Gesellschaft mittlerweile so weit sind, dass sie ihre Umwelt und ihre Mitmenschen nicht mehr so einseitig beurteilen.

Ein Großteil sucht aber weiterhin nach der Geschichte, die das »Besondere« und vor allem das »Andere« herausstellt. Es ist daher oft ein täglicher Kampf, sich dafür einzusetzen, als PoC mehr zu sein als nur ein Opfer oder Mensch mit Rassismuserfahrung.

Melanie Raabe hat es in unserem Interview schön auf den Punkt gebracht:

> Vor allem jetzt braucht es die Rassismusexpert*innen. Ebenso dringend brauchen wir vielfältige, weitere Stimmen. Wir haben Kompetenzen auf den unterschiedlichsten Gebieten. Wir haben zu allen Themen etwas zu sagen. Und wir sollten all diese Facetten zeigen und über all diese Themen sprechen dürfen. Niemals sollten wir zulassen, dass weiße Gesprächspartner*innen oder größtenteils weiße Medien uns vorgeben, wozu wir uns äußern dürfen – oder wozu wir uns zu äußern haben. Wir sind facettenreiche und höchst individuelle Persönlichkeiten mit unterschiedlichen Interessen, (inhaltlichen) Vorlieben und Expertisen. Dass oft ein eher eindimensionales Bild von uns gezeichnet wird, finde ich problematisch.

Wir brauchen neue Vorbilder die in der allgemeinen öffentlichen Wahrnehmung ungewohnte Positionen einnehmen, um unser Denken ganz unbewusst zum Hinterfragen von Stereotypen zu lenken. Dies kann dazu führen, dass die Frage nach der individuellen sozialen Identität schwieriger und mehrdimensional wird, aber auch gleichzeitig spannender.

Identitätspolitik.

Nicht erst seit Black Lives Matter, aber verstärkt durch die Bewegung, trat das Thema Identitätspolitik auf die mediale Agenda vieler aktiver Nutzer*innen in den sozialen Medien. Letztere erwähne ich, weil das Thema ohne die Rolle der sozialen Medien nicht vollständig erzählt ist. Sie spielen in ihrer Wirkungsmacht eine tragende Rolle für den Diskurs. Auch dadurch zieht die Diskussion über Identitätspolitik immer größere Kreise, nahezu jeder Mensch scheint dazu eine Meinung zu haben.

Auf der einen Seite ist es gut und wichtig, dass dieses schwierige Thema so viele Menschen berührt, auf der anderen Seite hat die Debatte darüber aber auch schwierige Züge angenommen, die eben nicht in einen sinnvollen Dialog führen, sondern in trotziges Verhalten (»Ich hab das schon immer so gesagt und damit basta!«) bis hin auch zu einem selbst auferlegten Meinungsartikulationsverbot, aus Angst etwas »Falsches zu sagen« und möglichen Shitstorms auf Social Media zu begegnen.

Dabei ist die Frage nach Anerkennung und einer starken öffentlichen Stimme für die Belange von diskriminierten Gruppen wichtig. Denn genau diese wird durch das Aufkeimen des Begriffs in der Medienlandschaft gestärkt. Identitätspolitik bedeutet einen Kampf um Anerkennung und Respekt. Das ist der zentrale Punkt, der in der heutigen medialen Aufregung gern vergessen wird.

Genau dieses Bedürfnis habe ich natürlich auch, und dies teile ich mit vielen vor allem jungen Menschen und Aktivist*innen, die einige Parameter im menschlichen Umgang verändern wollen und für Chancengerechtigkeit benachteiligter Gruppen eintreten. Und Anerkennung und Zugehörigkeit sind Triebfedern der Diversity-Debatte und damit auch ein Beweggrund für dieses Buch.

Recherchiert man jedoch zum Thema »Identitätspolitik« im Internet, wird man von Medienberichten erschlagen, und diese sind, gerade in letzter Zeit, nicht unbedingt positiv konnotiert. Bei Twitter löst der Begriff in regelmäßigen Abständen Shitstorms aus. Ob Wolfgang Thierse (den ich sehr schätze) oder der ehemalige Bundespräsident Joachim Gauck, an diesem Thema haben sich viele Menschen immer wieder abgearbeitet und mussten anschließend durch das unschöne Dickicht aufgeregter Tweets und Kommentare stampfen.

Kritiker*innen werfen in die Runde, dass Identitätspolitik Grenzen und Sprachverbote setzt. Die BILD schreibt regelmäßig über »Woke-Wahnsinn« und welche vermeintlichen Sprach- und Denkverbote diese (jungen) Aktivist*innen dem Rest der Gesellschaft auferlegen wollen.

> Identitätspolitik betrachte ich als eine Form von Bewegung. Es ist ein schwieriges Unterfangen, wie sich immer wieder zeigt, aber stellt zumindest den wichtigen Versuch dar, komplexe Diskriminierungsstrukturen in ihren unterschiedlichen Dimensionen öffentlich zu diskutieren.

Nicht nur zu Fasching falsch.

Wie schwierig einige Fälle zu bewerten und zu beurteilen sind, zeigt sich am folgenden Beispiel: Die Regionalgruppe Hannover von Fridays for Future (FFF) lud im März 2022 eine Musikerin wegen ihrer Dreadlocks aus. Sie sollte eigentlich auf einer FFF-Demonstration spielen. Der Grund für die Ausladung war, dass Dreadlocks an einer weißen Frau als kulturelle Aneignung angesehen werden können.

> Von kultureller Aneignung spricht man dann, wenn Menschen, meist der historisch bedingt dominierenden Gruppe, Aspekte einer anderen Kultur,

wie indigener Völker, für sich nutzen und übernehmen. Es geht um die Aneignung von Symbolen und schlichtweg auch um Macht und Dominanz. Dass bei Kindern Cowboy und »Indianer« gespielt wird, ist so ein Beispiel. Ein historisch gewachsenes Machtverhältnis, das erst in den letzten Jahren hinterfragt wird.

Kulturelle Aneignung hat meist etwas sehr Eigennütziges und Auf-sich-Bezogenes, ohne Rücksicht auf die Kultur zu nehmen, aus der man sich aber bedient. Kulturen sind natürlich keine starren Zustände, sondern dynamische Prozesse, die sich permanent wandeln und vermischen – genau dies ist auch meines Erachtens gut und vor allem spannend. Das macht das Thema aber so schwierig, wo verläuft die Grenze zwischen eigennütziger Aneignung und kultureller Anerkennung? Das Thema kultureller Aneignung kommt besonders immer dann medial auf, wenn es jedes Jahr aufs Neue um (zum Beispiel »Indianer«-) Kostüme zur Faschings- und Karnevalszeit geht. Ist es akzeptabel oder eine Verharmlosung der Geschichte von indigenen Völkern, die systematisch verdrängt, ermordet und bis heute diskreditiert werden?

In solchen Fällen kann man meist von kultureller Aneignung sprechen. Betonen will ich auch, dass die Normalisierung dieser diskriminierenden Praktiken natürlich Spuren bei uns allen hinterlassen hat. Das heißt, ich würde mich nicht aufregen, wenn neben meiner Tochter ein Kind im »Indianer«-Kostüm an Fasching sitzt, ich würde es aber begrüßen, wenn es einen Dialog darüber gäbe. Und dies ist für mich oftmals der Kern, es fehlt der Dialog und die Offenheit, darüber nachzudenken – leider meist der Menschen, denen kulturelle Aneignung unbewusst angelastet wird. Deutlich wird, kulturelle Aneignung hat meist etwas mit einer langen Geschichte zu tun, einer Geschichte, die im Imperialismus und Kolonialismus ihren Ursprung findet. Eine Geschichte, die in den einzelnen Fällen nicht mehr hinterfragt wird, weil sie angelernt ist.

Kulturelle Aneignung ist ein wichtiges Thema, es geht um Macht und die historische Dimension von Rassismus. Sich etwas anzueignen von Menschen, die seit jeher unterdrückt werden, ist unangebracht, weil Menschen so verletzt werden und Strukturen, die Diskriminierung bisher zugelassen bis befördert haben, nicht verändert werden. Die Schwierigkeit liegt meines Erachtens jedoch darin, dass jeder Fall für sich betrachtet werden muss und der Kontext wichtig ist. Der Fall bei Fridays for Future Hannover zeigt dies gut auf. Aus meiner Jugendzeit erinnere ich einige weiße Freund*innen und Bekannte, meist aus dem politisch linken Spektrum, für die ihre Dreadlocks ein Ausdruck ihrer Haltung waren. Ich selbst betrachte Dreadlocks nicht im Zusammenhang mit dem afro-amerikanischen Widerstandskampf oder der Rastafari-Bewegung aus Jamaika – obwohl man dies tun kann, – sondern gerade bei jüngeren weißen Menschen als Statement für ihre innere, ihre politische Haltung. Ein Statement, das vielleicht nicht immer zu Ende gedacht ist, aber das stört mich in den meisten Fällen nicht. Ich will darauf hinaus, dass es bei diesen Personen, wie der ausgeladenen Musikerin, nicht immer eindeutig zu beurteilen ist, ob es sich um Aneignung oder Anerkennung handelt.

Anders wird es mir, wenn ich auf einem sogenannten Afrika-Festival zahlreiche weiße Menschen mit Dreadlocks und in Batik-Gewändern sehe oder weiße Reggae-Künstler*innen mit Dreads. Auf solchen Festivals schwingt das Gefühl eines unbedachten Handelns mit, einer Form wahlloser Aneignung, ohne zu hinterfragen, in welchen kolonial-rassistischen Strukturen wir immer noch leben. Vor allem ist aus meiner Perspektive der Kontext wichtig und eine reflektierte Betrachtung des eigenen Handelns.

In dem genannten Fall also, in dem die Künstlerin von der Fridays for Future-Demonstration ausgeschlossen wurde, empfinde ich es als einen falschen Umgang mit der Situation, der sicherlich bei einem vorherigen Dialog nie an die Öffentlichkeit geraten wäre. Dass sich FFF einer anti-kolonialistischen und anti-rassistischen Haltung nähern will und ihr Handeln hinterfragt, ist aber durchaus löblich.

Wer cancelt wen?

Ein weiteres Thema, das die Gemüter hochkochen lässt, ist Cancel Culture. In Diskussionen erlebe ich oftmals, dass Gespräche über Identitätspolitik zur Behauptung führen, man dürfe nichts mehr sagen, oder Bücher, Theaterstücke und so weiter würden einem neuen Diktat unterzogen werden. Es wird dann auch oft davon gesprochen, dass künstlerische Produktionen nicht mehr veröffentlicht werden, sofern sie nicht gewissen Regeln folgen.

Cancel Culture ist ein Schlagwort innerhalb der Debatte, das einige Kritiker*innen mit Zensur und den Auswirkungen gleichsetzen, dass beispielsweise Journalist*innen bei »falschen« Aussagen ihren Job verlieren. Sie reden davon, dass Personen ausgeschlossen werden, die auch nur ansatzweise diskriminierende oder unangemessene Äußerungen von sich gegeben haben. Der Begriff taucht in ganz unterschiedlichen Kontexten auf und wird vor allem von eher konservativen Medien dafür benutzt, eine vermeintlich fehlgeleitete Jugend zu beschreiben, die wahllos Menschen ausschließe, weil sie nicht ihrem Weltbild entsprechen.

Für mich sind nicht alle Auswirkungen der identitätspolitischen Bewegung in Form von Cancel Culture schlüssig. Nur – und ich beziehe mich auf die deutsche Debatte und nicht auf die USA, wo es wesentlich andere und komplexere Formen von Cancel Culture gibt –, sie sind vielleicht der Schmerz, den wir als Gesellschaft erleiden müssen, um den nächsten Schritt zu machen, hin zu einer gerechteren Ordnung. Und mit Schmerz meine ich nicht unfaires Verhalten, sondern weise darauf hin, dass der Change Prozess bzw. die Auseinandersetzung damit, Diskriminierung und alte Privilegien über Bord zu werfen, nun mal nicht immer harmonisch abläuft und auch die Kämpfer*innen in ihrem Kampf manchmal übers Ziel hinausschießen.

Das bedeutet aber auch, (weiße) Menschen zur Reflexion zu zwingen und sie zum Beispiel in Form einer Shitstorm-Bedrohung einzuschüchtern, wird wenig bringen. Individuelle Reflexion kann nur über Einsicht funktionieren. Die gesamte Debatte über Diversity, Rassismus und Diskriminierung ist nun mal manchmal schwierig und komplex, daher braucht es auch einen Umgang damit, dass Menschen innerhalb der Debatte Fehler machen – auf allen Seiten.

Ich werde hin und wieder auch über das Anmalen weißer Menschen mit schwarzer Farbe gefragt. Das sei doch lustig, wird mir gesagt, oder es wird von Satire gesprochen. Vorneweg, selbstverständlich wird in den USA die Frage des Blackfacings in einer anderen Emotionalität besprochen als hier. Interessant ist aber auch hier wieder, wer sich bei der Debatte um Blackfacing in Deutschland angegriffen oder missverstanden fühlt: Es sind selten die Personen, die unter der Diskriminierung leiden. Es sind oftmals die Personen, die den gesellschaftlichen Wandel nicht mittragen wollen, ihre Stimme oder Macht nimmt meist in diesem Diskurs viel Raum ein.

Blackfacing = Wenn weiße Menschen sich schwarz bemalen, unabhängig vom Anlass, ist das immer unmöglich.

Mir gegenüber wird oftmals der Vorwurf entgegengebracht, dass sich weiße Menschen nicht mehr zu Rassismus äußern dürften, ohne Gefahr zu laufen, sich rassistisch zu äußern oder zu verhalten. Hier nochmal der Appell: Selbstverständlich soll man sich äußern, und (fast) alles darf gefragt werden, nur vieles erübrigt sich, wenn vorab kurz Umgang und Form reflektiert werden. Ebenso sollte sich jeder fragen, was eigentlich das tatsächliche Motiv für das jeweilige Denken und Handeln ist.

Selbstverständlich dürfen sich auch Weiße zum Thema Rassismus äußern. Das Problem ist nur, dass sie akzeptieren müssen, dass einige Äußerungen schlichtweg verkehrt sind und es keine Situation gibt, in der sie angebracht wären. Dabei muss auch die Frage gestellt werden, wer eigentlich über wen spricht. Es sollten die tiefen Wunden wahrgenommen werden, die durch unsere Sprache und durch alte Denkmuster gerissen werden, denn sie heilen nur langsam.

Sprache schafft Wirklichkeit.

Aber es gibt einen spürbaren Wandel, Vielfalt ist kein Randthema mehr, sondern kommt immer mehr in der Mitte der Gesellschaft an, das führt nun mal dazu, dass auch neue Stimmen gehört werden und zwar laut und kraftvoll. Viele Menschen haben jahrzehntelang oder gefühlt schon immer im Selbstverständnis gelebt, dass die eigenen Privilegien unangetastet bleiben. Sich damit nun auseinanderzusetzen kann auch in Teilen schmerzhaft sein.

Bei dieser ganzen Diskussion ist die immer wieder aufkommende Frage nach der »richtigen« Sprache zentral. Wann und warum soll man zum Beispiel wie gendern? Auch im Rahmen dieses Buches musste ich mir zum Beispiel diese Frage stellen. Wir wissen, Sprache schafft Wirklichkeit, und sie ist eben nicht neutral, wie der ein oder andere gern behauptet. Warum? Weil sich Sprache mit unserer Kultur wandelt, die wie bereits erwähnt kein fester Zustand ist, sondern ein wandelbarer Prozess.

Warum nennt die BILD Aktivist*innen »Woke-Wahnsinnige«? Weil es neue Begriffe gibt, geprägt von neuen Bewegungen, die eigentlich nur im Sinn haben, benachteiligte Gruppen unserer Gesellschaft zu schützen. Unsere Sprache muss sich wandeln, wir formen sie schließlich. Interessant ist eigentlich nur, wie schwer sich vor allem weniger benachteiligte Menschen damit tun.

Bis heute muss ich immer noch Diskussionen darüber führen, warum das N-Wort nicht akzeptabel ist. Ungeachtet der Tatsache, dass es noch nie akzeptabel war, so könnte man – auch aufgrund des »Woke-Wahnsinns« – heute davon ausgehen, dass wirklich alle Menschen, bis in den letzten Winkel unserer Republik, wissen, dass es nicht in Ordnung ist. Zugegeben, schaue ich zurück, so muss ich heute immer seltener über das N-Wort diskutieren, umso überraschter bin ich aber, wenn es dann doch passiert. Die neueste Entwicklung ist eher, dass ich nun über die Begriffe »farbig« oder »dunkelhäutig« diskutieren und sie erklären muss. Auch diese Fremdzuschreibung ist unpassend.

Immer werden aber über solche Diskussionen Empörung und Beschwichtigung miteinander verbunden. Jegliche Kritik wird als Sprachverbot abgetan, oder es werden Diskriminierungsmechanismen umgekehrt: »Ihr diskriminiert doch jetzt uns.« Dabei wäre genau bei diesen sprachlichen Veränderungen ein Diskurs so wichtig.

Heute haben wir auf der einen Seite Menschen, die sich um ihre Sprache bemühen, darum, diskriminierungsbewusst zu sprechen. Auf der anderen Seite befinden sich Menschen, die, nicht zuletzt als Trump noch im Weißen Haus saß, in einen Krieg gegen sogenannte politisch korrekte Sprache gezogen sind. Trump und Co. haben auf diese Weise erfolgreich viele Menschen vereint und mobilisiert. Hier zeigt sich auch die Rolle der sozialen Medien: Ein Tweet kann einen Sturm auslösen, der ganze Gruppen vereint und aktiv werden lässt. Es zeigt sich hier auch, wie weit und teilweise eng die unterschiedlichsten Debatten miteinander verwoben sind, wie schnell diese Themen Emotionen auslösen und welche Rolle soziale Medien dabei spielen.

Identitätspolitik ist zusammengefasst Teil eines Wandels unserer Gesellschaft. Ungerechtigkeiten müssen angesprochen und beseitigt werden, um als Gesellschaft ein kollektives Gemeinschaftsgefühl zu erlangen. Die Reibungen, die dabei entstehen, können wir als Initialkraft nutzen, um zusammen nachhaltige Veränderungen in unserem Denken, Sprechen und Handeln zu bewirken.

DENKEN.

Niemand ist frei von Schubladen.

Ich hatte vor langer Zeit einen Vortrag mit dem Satz »Mehr Mut zum eigenen Rassismus« begonnen. Mittlerweile würde ich das so nicht mehr sagen, denn der Begriff Rassismus wird für mein Empfinden sehr inflationär verwendet. Auf einmal soll so vieles Rassismus sein: »Er hat Kartoffel zu dem blonden Jungen gesagt, oh, das ist Rassismus.« Nein, natürlich ist das kein Rassismus, auch wenn das natürlich nicht bedeutet, dass weiße Menschen nicht auch Diskriminierung erfahren können.

An dieser Stelle muss auch kurz erwähnt werden, dass es keinen Rassismus gegen Weiße gibt. Ein Diskussionspunkt, der immer wieder gern in alltäglichen Gesprächen aufkommt. Prof. Dr. Karim Fereidooni, der unter anderem zu Rassismus forscht, erklärt dies in einem LinkedIn Post wie folgt:

> *»Rassismus gegen weiß christliche Personen gibt es im Jahr 2022 in Deutschland nicht, weil die Traditionslinie des Rassismus von weiß christlichen Menschen vor über 500 Jahren erfunden wurde, um Menschen, die nicht in dieses Schema passten, ausbeuten zu können.«*[37]

Den einleitenden Satz, die vielleicht provokante These, die dahintersteckt, um meine Zuhorer*innen aufzurütteln, unterstreiche ich aber in ihrer Bedeutung noch heute. Rassismus ist in der weißen Gesellschaft über Jahrhunderte hinweg tief verankert und findet sich in jeder noch so aufgeklärten Ecke. Wer sich eingehender mit Rassismus beschäftigen möchte, sollte zum Beispiel die Bücher von Tupoka Ogette oder Alice Hasters lesen.

Es geht mir hier darum zu betonen, dass vor allem weiße Menschen, die sich bisher selten über Rassismus oder auch über ihre eigenen Vorurteile Gedanken gemacht haben, sich derer endlich bewusst werden. Niemand ist frei von Rassismus, und ich beziehe mich dennoch hier vor allem auf weiße Menschen, denn diese Erkenntnis klingt meist erstmal unangenehm für sie, sie entspricht aber einer Wahrheit. Tupoka Ogette verwendet dafür den Begriff des »Happyland«: »Happyland ist eine Welt, in der Rassismus das Vergehen der Anderen ist.« Es ist etwas Urböses, das mit einem selbst wenig zu tun hat und das mit Absicht und Vorsatz passiert.[38] Die Abwertungen, Kategorisierungen und auch das Nicht-Erkennen der eigenen Privilegien passieren häufig unbewusst und dies schon sehr früh im Leben der Bürger*innen von Happyland.

Nach meiner Auffassung und zentral für dieses Buch ist es aber, auch die Vorstufen von rassistischem Handeln zu beleuchten. Also welche Klischees, Vorurteile und Stereotype trägt jeder Mensch mit sich herum? Der Mensch fühlt, denkt und handelt. Unser Denken und unsere Gedanken sind zuerst einmal unser bestgehütetes Geheimnis. Problematisch wird es nur, wenn unsere Gedanken zu Handlungen führen, die anderen Menschen weh tun.

Was Schwitzen mit Vorurteilen zu tun hat.

Vorurteile werden in der Sozialpsychologie als Abneigung oder Zuneigung gegenüber einer Person aufgrund ihrer Zugehörigkeit zu einer sozialen Gruppe beschrieben.[39] Eine soziale Gruppe kann auf ganz unterschiedlichen Merkmalen beruhen, etwa auf dem Beruf (Lehrkräfte), einem Hobby (Angler*innen), einer Nationalität (Deutsche*r) oder physischen Einschränkung (blinde Menschen). Die Gruppe wird aber darüber definiert, dass mindestens ein Merkmal die Menschen vereint. Dieses Merkmal kann angeboren oder auch erworben sein und jeder Mensch kann einer und mehrerer sozialen Gruppen zugehörig sein.

Häufig ist es aber so, dass die Zugehörigkeit zu einer sozialen Gruppe von außen bestimmt wird. Also nicht ich selbst definiere mich als Deutscher, sondern die Gruppenzugehörigkeit wird mir gesellschaftlich vermittelt und auch von der Mehrheitsgesellschaft definiert. Vorurteile beruhen vor allem auf Gefühlen. Diese äußern sich beispielhaft in Ablehnung (»Ich mag keine Polen, weil sie Autos klauen«) oder auch in positiven Vorurteilen (»Italiener*innen sind sehr gast- und familienfreundlich.«).

Das große Problem von Vorurteilen: Sie sind fest verankert in unserem Gehirn, einmal gelernt, sind sie schwer zu revidieren. Das lässt sich an dem genannten Beispiel, dass »alle Polen Autos klauen« gut veranschaulichen. Schon in meiner Kindheit in den Achtzigern wurde dies behauptet und hält sich bis heute standhaft in den Köpfen vieler Menschen. Das Bild der Autos klauenden Polen wird immer wieder reproduziert, in vermeintlichen Witzen, in Filmen und natürlich am Stammtisch.

Diese Referenzpunkte, also Gespräche, Medienkonsum, Werbung, unser Umfeld insgesamt, beeinflussen uns ständig und sorgen dafür, dass Klischees, Vorurteile oder Stereotype gelernt und Teil unseres Denkens werden. Auf diese Weise prägen sie unsere Sicht auf die Welt und unseren Umgang mit anderen.

Letzten Sommer stand ich mit dem Fahrrad an einer roten Ampel. Ich schwitzte, es war heiß in München, und ich wollte nach der Arbeit eigentlich nur noch nach Hause, um direkt danach in die Isar zu springen. Versunken in Gedanken darum, bald ins kühle Nass zu hüpfen, wurde ich von einem Herrn mittleren Alters angesprochen. Ein wenig erschrocken wich ich zurück. Er sagte bloß wenige Worte: »Na ja, Sie haben es ja nicht so heiß. Sie sind es ja gewohnt.« Die Ampel sprang auf Grün, und er ließ mich sprachlos und wirklich sehr schwitzend mit seinen Sätzen an mich zurück.

Nach seiner von Stereotypen geleiteten Annahme müssten alle Schwarzen direkt aus Afrika kommen, wo es permanent sehr heiß sein müsste, und deshalb mit Hitze gut umgehen können. In seinen wenigen Worten an mich ist ein Bild von Schwarzen Menschen mitgeschwungen, das, egal wie unsinnig es erscheinen mag, noch immer weit verbreitet ist.

Schubladen zu.

Wie differenzieren sich also Vorurteile und Stereotype? Als Stereotype bezeichnet man das Denken über bestimmte soziale Gruppen, es basiert auf Pseudowissen über soziale Gruppen. Wir assoziieren eine Eigenschaft, die wir mit Ab- oder Zuneigung in Verbindung bringen.

Die faulen Südländer und die fleißigen Schwaben – hierbei handelt es sich stets um ein Pseudowissen, das, wie oben beschrieben, angelernt ist. Wir haben es in der Vergangenheit bereits des Öfteren gelesen, mediale Bilder und gesellschaftliche Narrative stärken und bestätigen dieses Pseudowissen konstant. Oder wir waren vielleicht regelmäßig in Griechenland im Urlaub, und schließlich war es immer sehr sonnig, und die Menschen schienen unbesorgt und entspannt zu sein, auch so hat sich über die Jahre ein Pseudowissen eingeprägt. Pseudowissen, weil es subjektive Momentaufnahmen und gesellschaftliche Annahmen sind, die der vielschichtigen Realität nicht standhalten können.

Stereotypen sind Theorien über unser Leben. Sie vereinfachen das Leben, bergen aber eine der größten Gefahren für ein wertschätzendes und vorurteilsfreies Zusammenleben in unserer Gesellschaft. Die Theorien, die wir in unseren Köpfen haben, beruhen auf altbekannten, gesellschaftlich zementierten Bildern, die veraltet sind und aus Generalisierungen bestehen.

Als ich in meiner Studentenzeit zwei Erasmussemester in Paris verbrachte, war ich überrascht, wie schnell wir Studierenden von stereotypischen Verhaltensweisen der anderen ausländischen Student*innen überzeugt waren. Jede*r kennt das, vor allem aus dem Urlaub: Man ist im Ausland, sieht andere Menschen aus anderen Nationen und fühlt sich sofort darin bestätigt, dass das Stereotyp richtig ist. So auch bei uns in Paris, in den ersten Stunden des Sprachunterrichts. Die immer breitbeinig sitzenden Italiener, die absolut immer zu spät kamen, die dauerlächelnden und fleißigen Chines*innen, der korrekte und sehr höfliche Iraner und natürlich die anderen Deutschen, die partout nichts mit ihren Landsleuten zu tun haben wollten und überdurchschnittlich strebsam französische Grammatik lernten. Ganz im Gegenteil zu den Spanier*innen, die sich permanent freuten, andere Menschen aus Spanien anzutreffen, um in möglichst großen Gruppen lauthals über den Campus zu ziehen. Wir sahen all die landestypischen Stereotype und fanden uns täglich in unserem Wissen darüber bestätigt.

Stereotype vereinfachen nun mal unser Denken – wie anstrengend wäre es auch, wenn unser Gehirn nichts pauschalisieren könnte, immer wieder neu Menschen und ihr Verhalten einordnen und ihnen ohne Vorannahmen begegnen müsste. Zugleich gäbe es aber ohne Stereotype auch weniger Vorurteile und somit auch weniger diskriminierendes Verhalten in unserer Gesellschaft.

Dieses schubladenhafte Denken, das wir alle täglich anwenden, ist also mit ein Grund, warum wir in Vorurteilen denken und warum viele Menschen unbewusst andere diskriminieren und dabei ihr diskriminierendes Handeln auch noch für richtig ansehen. Schließlich haben sie in der Vergangenheit nichts anderes gelernt, ihr Pseudowissen gibt ihnen Recht. Es ist leicht, in Stereotypen zu denken und sie nicht in Frage zu stellen, es entlastet das Denken und fühlt sich wie Wahrheit an – schließlich haben wir selbst den Beweis gesehen oder selbst erfahren.

Wenn wir es uns leicht machen.

Stereotype zeigen Verknüpfungen in unserem Denken auf und sind durch unsere Sozialisierung tiefgreifend erlernt. Wir, und damit meine ich ausnahmslos alle Menschen, sind voll damit. Hier kommt genau das zum Tragen, was in diesem Buch und in jeglichem Werk über Rassismus immer wieder thematisiert wird, nämlich dass Rassismus und verschiedene Formen von Diskriminierung Bestandteil unserer Sozialisierung sind.

Dies bedeutet, dass Stereotype unser eigenes Handeln beeinflussen. Auch Vorurteile basieren natürlich auf Generalisierungen, und im alltäglichen Sprachgebrauch ist die Unterscheidung nicht einfach, und die Begriffe werden gern synonym verwendet. Die einfachste Differenzierung dieser beiden Begriffe ist, wie ich bereits in der Einleitung ausgeführt habe, dass mit Vorurteilen oftmals die Diskriminierung beginnt. Diskriminierung liegt dann vor, wenn man »allein wegen seiner Gruppenzugehörigkeit unfair behandelt wurde«.[40]

Von Vorurteilen sprechen wir, wenn wir die Pseudo-Fakten oder subjektiven Erfahrungen beurteilen. Sie sind für Menschen so schön einfach – ich sehe beispielsweise eine Frau mit Kopftuch, kann sie dann aufgrund meiner Vorurteile zu einer bestimmten Gruppe von Menschen packen und mir über sie ein Urteil bilden. Eine Frau mit Kopftuch ruft bei vielen Menschen unterbewusst Assoziationen mit Unterdrückung und fehlender Bildung hervor. Diese Verknüpfungen erlernt unser Gehirn, und wenn wir nicht bewusst dagegen angehen, werden sie beispielsweise durch plakative Medienberichterstattung gefestigt. Dies ist wichtig, denn das Gehirn speichert gern Ereignisse und Vorfälle ab. Uns zu vergegenwärtigen, dass wir alle mit Vorurteilen und Stereotypen denken – und diese oftmals als wenig bedenklich abtun –, kann der erste wichtige Schritt zur Reflexion sein, um nicht in diskriminierende Handlungen und Äußerungen zu verfallen.

Diskriminierung kann vielschichtig verlaufen und auch mit vermeintlich guter Absicht geschehen: So werde ich bis heute auf Veranstaltungen immer wieder am Rande einer Tanzfläche dazu aufgefordert, jetzt doch endlich auch mal zu tanzen, da ich es doch sicherlich gut könne.

Racial Profiling.

Allein der Anblick meiner Hautfarbe löst immer wieder Reaktionen aus: 2018 war ich in Mainz zu Besuch. Eine schöne Stadt, die mir eigentlich positiv in Erinnerung blieb. Ich mochte die freundliche Atmosphäre, das zwar volle, aber trotzdem sympathische Markttreiben auf dem Liebfrauenplatz. Hunderte Menschen drängten sich durch die Marktstände, saßen auf Decken auf dem Boden und genossen den örtlichen Wein. Es war ein Wochenende mit Freunden, und der Anlass war mal wieder Fußball. Wir besuchten das Bundesliga-Fußballspiel Mainz gegen Werder Bremen. Ein Spiel in freundlicher Atmosphäre, auch und vor allem zwischen den Fanlagern. Der Sieg der Bremer führte auf der Fahrt in der Straßenbahn vom Stadion zurück in die Stadt nicht zu einer unangenehmen oder aggressiven Stimmung.

Gut gelaunt über den Sieg unserer Bremer stand ich später am Abend im Dunkeln am Rheinufer kurz allein an einer Laterne und telefonierte, um diesen großartigen Sieg Freund*innen mitzuteilen (wie wir heute wissen, hatte es Werder Bremen danach nicht mehr so mit Erfolgen). Plötzlich raste ein Polizeiauto mit Blaulicht an. Die Beamt*innen stiegen schwungvoll aus und forderten mich auf aufzulegen. Ich wurde beschuldigt: Ein Schwarzer Mann mit Hut hätte eine Flasche geworfen.

Nachdem ich also sofort auflegte und den Polizist*innen vom Anlass meines Telefonats berichtete, wurden meine Personalien überprüft, mit dem Ergebnis, dass sie ein wenig verwundert waren. Meine Version der Geschichte passte für sie zusammen, aber irgendwie auch nicht. Es rauschte ein weiterer Streifenwagen an, mit zwei Polizist*innen, von denen der männliche Kollege unbedingten Tatendrang ausstrahlte und mit lauter Stimme nochmal alles erfragen musste. Nun gesellten sich vom Rheinufer, aufgestanden und leicht angeheitert, einige meiner Freund*innen zu unserer Runde. Was mir im Kopf herumspukte, sprachen sie geradlinig aus: »Das fühlt sich gerade sehr nach Racial Profiling an.«

Und ja, dies ist ein klassischer Fall von Racial Profiling, das mir und Schwarzen Menschen in Deutschland immer wieder widerfährt.

Racial Profiling = engl. für ethnisches Profiling, eine diskriminierende Vorgehensweise der Exekutive (Polizei, Zoll, etc.) gegenüber Personen, die nicht auf Verdachtsmomenten basiert, sondern auf der Andersartigkeit der Person.

Das liegt auch daran, dass im Gehirn vieler (weißer) Menschen Schwarze Männer mit Kriminalität verbunden werden. Kommt ein Fall von Racial Profiling jedoch in die Medien oder sogar vor Gericht, ist die Argumentationskette meist ähnlich, nämlich dass die betroffene Person sich verdächtig verhalten hat. Das Handeln der Polizist*innen kann interessanterweise vollkommen unbewusst ablaufen, in ihren Köpfen geht der Autopilot an, und Stereotypen werden abgerufen. Das Perfide ist also, dass ihnen ihr rassistisches Handeln im ersten Augenblick gar nicht bewusst ist.

Dies ist ein generelles Problem, oft ist Menschen ihr diskriminierendes Handeln im Moment des Geschehens gar nicht bewusst, da sie sich von ihrem Stereotypen-Autopiloten im Kopf steuern lassen. Doch vor allem bei der Polizei sollten wir als Gesellschaft ein bewussteres und reflektierteres Handeln fordern.

Der Gedankenfalle entkommen.

Wie im vorangegangenen Kapitel beschrieben, sind nicht nur die brutalen Diskriminierungen das große Problem. Vielmehr sind es das Grundrauschen, die unsichtbare Barriere, die in den Köpfen eingebrannten Stereotype und Vorurteile, gegen die diskriminierte Menschen windmühlenartig anlaufen.

Nicht dass es einfach wäre, aber es wäre gesellschaftlich ein großer Fortschritt, wenn die eigenen Vorurteile mehr reflektiert würden. Wenn sich jeder Mensch ab und an die Frage stellen würde: Was sind die Stereotype in meinem Kopf? Woher stammen sie, und was könnte ich tun, damit sie kleiner werden?

Falsche Verknüpfungen neu verdrahten.

Das Gehirn ist kein starrer Apparat, der sich nicht verändert. Das Gehirn ist agiler und dynamischer, als wir es für möglich halten. Unser Gehirn entwickelt sich ständig weiter und verändert sich stetig durch die Erfahrungen und Erlebnisse aus der Umwelt.

Emotional geprägte Vorgänge können dazu führen, dass sich ganze Hirnareale vergrößern. Wie aber bereits an anderer Stelle beschrieben. Wir sind in diesem Hinblick alle einfach nur faul, unser Gehirn mag es, effizient zu denken. Es greift also permanent auf gelernte, also in der Vergangenheit geschehene und abgespeicherte Erfahrungen und Wahrnehmungen zurück. Auch wenn es vielleicht anders ginge, unser Gehirn schlägt uns den bequemeren und »faulen« Weg vor.

Das Gehirn arbeitet in Verknüpfungen von bestehendem und neuem Wissen. Wir nehmen etwas Neues wahr und bringen es in Verbindung mit verwandten und bereits gelernten Informationen. Genau diese Assoziationen verursachen Fehlurteile, weil das Gehirn falsche Verknüpfungen vorgenommen hat.

Vor kurzem musste ich bei einem Gerichtsverfahren als Zeuge aussagen. Es war ein Autounfall in Berlin-Kreuzberg, zwischen Aussage und Unfall lagen zwei Jahre. Natürlich eine sehr lange Zeit, bei der ich mich schon fragte, warum ich überhaupt noch aussagen sollte. Kann meine Aussage nach so langer Zeit überhaupt noch richtig sein? Ganz gleich, wie ich mich erinnerte und wie lange der Fall zurücklag, ich musste aussagen. Erinnern konnte ich mich wirklich nur spärlich. War die Ampel bereits auf Rot, aus welcher Richtung kamen die Fahrzeuge und so weiter. Letztendlich wusste ich kaum noch was, und es stellte sich für mich im Laufe der Befragung heraus, dass einige Angaben von mir nicht stimmen konnten und ich sogar Informationen hinzuaddierte, die es gar nicht gab. Ich korrigierte mich vor der Richterin und gab letztlich an, dass meine Aussage nach dieser langen Zeit hinfällig ist und ich nichts Relevantes beitragen kann, was dem Fall irgendwie helfen könnte.

Dass Zeug*innen falsche Aussagen mit erfundenen Informationen machen, ist ein altes Phänomen und Gerichten hinlänglich bekannt. Dabei ist es nicht so, dass sie absichtlich falsch aussagen, es ist ihr Gehirn, das ihnen einen Streich spielt. Veränderte Fragen zum selben Sachverhalt können Erinnerungen und somit die Antwort beeinflussen. Das Gehirn sucht permanent nach Ankern, nach irgendwelchen Informationen im Erinnerungskatalog, um daraus neue Informationen abzuleiten.

Unser Gehirn ist aber nun mal faul und spart Ressourcen, indem es Gelerntes abruft und nicht hinterfragt. Ähnlich wie beim Sport: Ich fahre Kajak, der Bewegungsablauf zum Aufrollen, wenn ich umkippe, ist gelernt. Der Übungsprozess umfasst somit das ständige Wiederholen einer Bewegungsabfolge. Kentere ich im Wildwasser, spult das

Gehirn diese Bewegungsabfolge ab, ohne wirklich darüber nachzudenken.

Entscheidungen sind das Abwägen von Erinnerungen, Emotionen
und Verhaltensweisen. Dieses schnelle Zusammenspiel im Unterbewusstsein führt zu Handlungen. Dabei gibt es keine Entscheidung, die
ohne Emotionen getroffen wird. Emotionen sind immer präsent. Was
tun wir also bei Vorurteilen und Unconscious Bias? Wir haben zu
einer Sache ein starkes Gefühl und beurteilen es.

Blockaden im Kopf.

Auch wenn wir beispielsweise der Meinung sind, dass wir eigentlich
keine Vorurteile gegenüber Frauen haben, löst die Verknüpfung von
Frauen mit Karriere bei Männern häufig noch immer ein irritierendes
Gefühl aus. »Frau und Baby« passt schon besser. Unsere verzerrte
Wahrnehmung steckt tief in uns drin und darf scheinbar auch nicht
ins Wanken gebracht werden. Mein Anliegen ist es jedoch, dass wir
genau an diesen Schubladen arbeiten. Es geht vorrangig um die unbewussten Vorurteile, die wir in uns tragen.

Ein Blick auf Rassismus und das Verhältnis zwischen Schwarzen
und Weißen als etwas, das mein Leben prägt: Wie auch hier bereits erwähnt, ist Rassismus tief in unserer Gesellschaft verankert und zeigt
sich manchmal offensiv und manchmal dezent, er ist aber stets präsent und bestimmt unsere Sozialisation. Ich habe bereits einige Assoziationen weißer Menschen mit Schwarzsein in diesem Buch aufge-
führt – ob es Drogen, Tanzen, Reggae, Faulheit, Dummheit oder der
ewig frohliche Schwarze ist, die Palette an gelernten Assoziationen
gegenüber Schwarzen ist lang.

Ich glaube, jede Frau kann eine große Palette an Assoziationen auf-
listen, mit denen sie in ihrem Alltag und vor allem in der Berufswelt
nach wie vor zu kämpfen hat. Männer werden immer noch mit Stärke,
Durchsetzungsfähigkeit oder einem konsequenten Führungsverhalten

in Verbindung gebracht. Werden diese Attribute einer Frau zugeschrieben, so haftet dem oftmals ein negativer Beigeschmack an, und die Frau gilt als »schwieriger Charakter«.

Eine Barriere im Kopf, die wir schwer überwinden können, deren Überwindung aber nicht unmöglich ist. Die Barrieren im Kopf sind zwar auch Warnsignale, zugleich blockieren sie aber ein vielleicht herzliches und freundliches Aufeinandertreffen von Menschen.

Um ein wenig detaillierter zu werden, lade ich dazu ein, über Bewerbungsprozesse nachzudenken: Das Foto im Lebenslauf ist in Deutschland immer noch üblich. Der in den USA übliche Vorgang, das Foto wegzulassen, wäre sicherlich hilfreich, um ein Beurteilen anhand des Äußeren zu vermeiden. Ich musste in der Vergangenheit bereits einige Male diesen Prozess begleiten, um mein Team mit neuen Mitarbeiter*innen zu verstärken. Da keine gut aufgestellte Personalabteilung vorgeschaltet war, kamen alle Bewerbungen direkt zu mir auf den Schreibtisch.

Wie so häufig im Berufsalltag hatte ich kaum Zeit für eine vernünftige Sichtung aller Bewerbungen. Es muss schnell gehen, wenig Zeit sowie viel andere Arbeit, die schließlich erledigt werden will. Das Ergebnis: Anschreiben wurden kaum gelesen, ein schneller Blick über den Lebenslauf für die Erstauswahl. Ausgesucht wurden Menschen, die sympathisch rüberkamen und deren Lebenslauf ansatzweise auf die Stelle passte.

Genau bei diesem schnellen Prozess spielen unbewusste Vorurteile keine gute, aber eine wichtige Rolle. Das Bild und der Name auf dem Lebenslauf werden zum ersten Eindruck, das Gehirn verknüpft erste Attribute. Es wird weniger an die Anforderungen der Stelle gedacht, sondern daran, ob die Person zu mir und zum Team passt.

Das Bauchgefühl ist selbstverständlich wichtig, es überlagert aber die Möglichkeit, auch mal anders zu entscheiden. Dies ist auch einer der Gründe, warum oftmals in genau solch einem Bewerbungsprozess Chefs Menschen einstellen, die ihnen ähneln. Es ist schlichtweg auch das Einfachste und Bequemste für unser Gehirn. Vor allem

Männern wird das Problem angelastet, sich Kumpel ins Team zu holen, mit denen sie nach Feierabend auch ein Bier trinken können. Oder ist dies jetzt auch ein Vorurteil? Nein, diese soziohomogene Reproduktion ist ein üblicher und eigentlich auch nicht verwerflicher Prozess – jedoch mit wesentlichen Folgen: Teams werden ganz unbewusst homogen anstatt divers besetzt.

Es muss für uns also alle eine Aufgabe sein, immer wieder genauer hinzuschauen, wenn wir in die Gedankenfalle von unbewussten Verzerrungen oder Vorurteilen treten. Vor allem ist dabei der Blick auf das wichtig, was dahinterliegt, also auf die gelernten Muster, auf die wir zurückgreifen – damit wir sie so langfristig auch korrigieren können.

Wir und die anderen.

»**D**ie sehen doch alle gleich aus!« – Wer kennt ihn nicht, diesen Satz, wenn es beispielsweise um Schwarze oder auch Menschen aus Südostasien geht. Dieser Gedanke, dass die Mitglieder der eigenen weißen Gruppe für Menschen, die der eigenen Gruppe nicht angehören, besser zu unterscheiden seien, ist von klein auf angelernt. Oder treffender ausgedrückt: Weißsein ist die idealisierte Norm, die seit über 500 Jahren etabliert ist. Wir sind also in dieser durch Rassismus geprägten Gesellschaft herangewachsen. Wie sieht es aber direkt nach der Geburt aus, ab wann unterscheiden und bewerten wir?

Weißsein ist eine gesellschaftliche Positionierung. Diese bezieht sich nicht nur auf die Hautfarbe, sondern auch auf das Verhältnis zwischen Europa und vielen Teilen in der Welt, vor allen den Teilen, die kolonialisiert wurden. Weißsein ist gesellschaftlich mit Privilegien verbunden, was vielen nicht gänzlich bewusst ist.

Von Babys lernen.

Säuglinge können mit neun Monaten zwei Gesichter der eigenen Hautfarbe oder Bevölkerungsgruppe besser voneinander unterscheiden als die von anderen. Auch dies führt in unserem Denken als Erwachsene genau zu den erwähnten Äußerungen, dass diese oder jene doch alle gleich aussehen. Die Psychologie hat dafür einen Begriff: Fremdgruppenhomogenitätseffekt[41].

Wir könnten uns jetzt zurücklehnen – es ist ja schließlich nur ein Programmierfehler unseres Gehirns. Das kommt halt vor, und nach ein, zwei Bier kann doch jede*r beim Gespräch am Grill sagen, dass alle Schwarzen mittleren Alters generell jünger aussehen und schwer voneinander zu unterscheiden sind. Ein solches Zurücklehnen und Ausruhen auf den eigenen Stereotypen ist aber schlicht Faulheit, die Faulheit, selbst dagegen anzudenken. Denn das Unterscheidungsvermögen kann trainiert werden. Bei den Babys ist es so, dass sie nur wenige Kontakte brauchen, um die andere Gruppe, die nicht ihrer eigenen Hautfarbe entspricht, so zu unterscheiden wie die eigene. Einem weißen Baby reicht es, nur zwei, drei Mal ein Schwarzes Baby zu sehen, um das Unterscheidungsvermögen wirkungsvoll zu trainieren.[42]

Auf der einen Seite ist es also so, dass wir Menschen zu Beginn unseres Lebens Menschen, die uns oder unseren Familienmitgliedern ähnlich sehen, leichter differenzieren können. Auf der anderen Seite gilt aber auch, dass Babys und junge Kinder extrem schnell dazulernen und neues Wissen nachhaltig abspeichern können. Die Unterscheidungen für unsere Gruppe und die Gruppe(n) der »Anderen« tun wir als Baby natürlich ohne große Wertung, eine solche kommt erst zusammen mit der Sprache und weiteren Sozialisierungsprozessen hinzu. Wir lernen Gruppen unterschiedlich zu benennen und zu bewerten, unterteilen die Welt in Gut und Böse, das Vertraute und das Fremde. Dieser Aspekt menschlicher Entwicklung ist der Beginn von Stereotypisierung.

Als Erwachsener ist es in der Regel so, dass wir Menschen nach Hautfarben und (zugeschriebenen) kulturellen Bezügen bewerten und selten neutral wie Babys herangehen. Dieses Denkmuster ist erneut ein Zeichen unserer vielzitierten Denkfaulheit. »Einmal Dealer, immer Dealer« – denn das, was man nicht wahrnimmt und auch nicht gesellschaftlich und medial gespiegelt bekommt, zum Beispiel weiße Menschen, die auf Partys mit Drogen dealen, speichert sich einfach nicht im Gedächtnis ab.

Dieses Denken in Wir und die Anderen und das Gefühl der Zugehörigkeit zu der einen Gruppe führt unbewusst und manchmal bewusst zu diskriminierendem Verhalten. Erst kürzlich erzählte mir eine Freundin, die eine neue Führungsposition in einem Unternehmen erlangt hat, wie schwer sie sich zu Beginn damit tat, unter den anderen Führungskräften, allesamt Männer, Gehör zu finden. Sie, mit Mitte dreißig relativ jung in einem Kreis altgedienter Herren. In ihrem ersten Meeting wurde ihr erst richtig zugehört, als sie darauf hinwies, dass sie nun auch fortan als Führungskraft mit am Tisch sitze. Bevor sie dies bewusst und energisch erwähnte, hörte ihr eigentlich niemand zu, und ihre Ideen und Beiträge wurden schweigend hingenommen. Erst dadurch, dass sie die anderen darauf aufmerksam machte und ihren Platz innerhalb der Gruppe beanspruchte, wurden sie und ihre Anmerkungen somit ernst genommen.

Dieser Fall mag wie eine Nebensache oder eine Kleinigkeit wirken. Er zeigt aber auf, wie Voreingenommenheit zu Benachteiligungen führt und das Unterteilen in Wir und die Anderen ganz beiläufig in diskriminierendem Verhalten resultiert. Ich will der Gruppe der Männer in dem genannten Fall gar nicht unterstellen, dass sie die einzige Frau am Tisch bewusst diskriminierten, all dies läuft unbewusst und automatisch ab: Die Freundin erzählte, dass nach dem Meeting einige der Herren zu ihr kamen und sich für ihr Verhalten entschuldigten, ihnen wäre es gar nicht aufgefallen.

Die Privilegien der eigenen Gruppe sind einem oftmals nicht bewusst und werden nicht hinterfragt. Genau aber zu diesem Hinterfragen möchte ich anregen, dazu, dass wir einen Prozess in Gang setzen, der unseren Autopiloten neu programmiert.

Vielfalt beginnt beim Einzelnen.

»Um Diversität zu haben, musst du sie leben« – das ist einer der einprägsamsten Sätze aus meinem Gespräch mit Lina Maria Pietras.

ist es, an der Kultur in Organisationen zu arbeiten, direkt am Menschen, wie es Lina Maria Pietras oftmals betont.

Bei echter Inclusion kann beispielsweise in Kauf genommen werden, dass ein Team-Mitglied aufgrund seiner Behinderung das Arbeitstempo fürs gesamte Team verändert – und zwar so verändert, dass es von außen betrachtet als langsam bewertet werden könnte. Unternehmen müssen sich also Gedanken darüber machen, wie sie Performance bewerten möchten, was früher als schnell und effizient galt, muss gegebenenfalls in einem diversen Team neu bewertet werden.

Diverse Teams, die auch in ihren Arbeitsweisen unterschiedlich sind, stellen Führungskräfte somit vor neue Herausforderungen. Unabhängig davon, ob das Team aus Menschen mit Behinderung, unterschiedlichen ethnischen Hintergründen oder anderen Vielfaltsmerkmalen besteht, die Kommunikation ist wichtiger denn je. »Inclusion is a two-way street«, sagt Lina Maria Pietras immer wieder. Sie meint damit, dass es ebenso eine Aufgabe für die Organisation, die Führungskraft und das Team ist wie für die Person, die inkludiert wird. Wenn nur eine Seite der Gleichung existiert, dann kann es nicht funktionieren.

Von außen wirkt ein heterogenes Team mitunter etwas »anders« in seinem Arbeitsstil, doch Studien belegen, dass die Ergebnisse diverser Teams besser und nachhaltiger sind, da der Weg dorthin durch die vielen Perspektiven deutlich mehr Kommunikation beinhaltet. Lina Maria Pietras betont hierzu, dass gelebte Vielfalt Rhythmen und Geschwindigkeiten verändern kann. So müssen Führungskräfte auch lernen, sich von gelernten Rhythmen zu verabschieden und neue einzuüben.

Wertschätzung heißt neu handeln.

Diese neuen Rhythmen und Geschwindigkeiten können sich auch fernab der Arbeitswelt widerspiegeln. Es lässt sich im Alltag schnell erkennen, wie schwer es ist, wenn auf einmal der gelernte Rhythmus durch Vielfalt kurz irritiert wird.

Lina Maria Pietras steht, als Mensch mit starker Sehbeeinträchtigung, in Deutschland an der Supermarktkasse um ihren Einkauf zu bezahlen. Wenn sie – sie ist auch Halb-Brasilianerin, wie sie gern betont – in Brasilien an der Kasse steht und Kleingeld sucht, fällt es den Menschen um sie herum sofort auf, dass sie nicht sehen kann, und sie bieten ihre Hilfe an. In Deutschland hingegen wird nicht hingeschaut, wird nicht wahrgenommen, dass da vielleicht jemand steht, der Schwierigkeiten mit dem Sehen hat. Stattdessen wird sie in Deutschland eher schroff zurechtgewiesen, weil sie entweder mehr Abstand halten soll, da sie die neue Wirklichkeit der 1,5 Meter Abstandsregel während der Pandemie nicht eingehalten hat, oder weil sie einfach zu langsam ist.

Deutschland ein Land der Ignoranz? »Inclusion bedeutet, Menschen mit einzubeziehen, sie in ihrer Gänze zu sehen und wertzuschätzen«, so Lina Maria Pietras weiter. Eine Aussage, die vieles von dem beschreibt, was ich selbst aus eigener Erfahrung als auch durch die zahlreichen Gespräche nachvollziehen kann. Es braucht neben den strukturellen Veränderungen ein ganzheitliches Umdenken, um Vielfalt erfahrbar zu machen.

Der abgedroschene Begriff der Wertschätzung taucht wieder auf und verdeutlicht das weite Spektrum dieses Themas, wenn von gelebter Vielfalt gesprochen wird. Erst kürzlich titelte eine Zeitung, dass in England das Schulfach Achtsamkeit an einigen hundert Grundschulen eingeführt wird. Eine Reaktion auf die erhöhten psychischen Belastungen und den Leistungsdruck unserer Gesellschaft, der uns anscheinend auch krank macht.[43] Ob mehr Achtsamkeit zu mehr Wertschätzung führt, wird schwer zu validieren sein, ein Zusammenhang ist aber nicht von der Hand zu weisen.

Vielfalt zu leben ist einfacher, wenn wir zudem Vielfalt auch ständig und permanent erleben. Lina Maria Pietras selbst studierte an der WHU Otto Beisheim School of Management. Ihre Kommiliton*innen kamen aus sehr unterschiedlichen Regionen der Welt und waren auch in Bezug auf andere Diversity-Dimensionen sehr vielfältig. Eine zwar elitäre Gesellschaft, die aber in einer wichtigen Lebensphase die Persönlichkeit prägt und Offenheit schult. Dabei entstand in ihr ein Gefühl der Zugehörigkeit, das ich nur zu gut kenne. Eine Zugehörigkeit, die aufgrund der gelebten Vielfalt entstanden ist – sie musste sich nie erklären und auch nicht um Anerkennung kämpfen.

Ihre ersten Jobs in großen Unternehmen führten nämlich genau zu einem solchen Kampf um Anerkennung. Das größte Problem für sie als Mensch mit Behinderung ist die häufige Unterschätzung und Bevormundung durch ihr Gegenüber. Ihr Alltag ist davon geprägt, dass Menschen sie, auch wenn es gut gemeint ist, beispielsweise permanent ungefragt anfassen oder am Arm festhalten und ihr im Arbeitskontext aufzeigen, was sie angeblich kann oder nicht kann.

Das Bild von Menschen mit Behinderung in unseren Köpfen ist also von Vorurteilen durchtränkt. Selten wird es in der medialen Öffentlichkeit durch neue Bilder ersetzt, klischeehafte Abbildungen bestimmen das Bild, und in der öffentlichen Wahrnehmung finden sie zudem kaum statt. Eine Diskriminierung, die nicht durch diese Menschen selbst bedingt ist, sondern durch gesellschaftliche Vorurteile und ein ökonomisches System, das auf Diversität in den Fähigkeiten und Bedarfen keine langfristigen Antworten hat.

Um Platz für gelebte Vielfalt zu schaffen und die Vorteile von Diversity zu nutzen, muss das System somit eine Lebenswirklichkeit bereitstellen, in der das Miteinander von Vielfalt auch gefördert wird und zur tatsächlichen Wirklichkeit führt.

Neue Bilder wirken.

Vor vielen Jahren besuchte ich Garmisch-Partenkirchen, damals lebte ich in Hamburg, hatte kein Gefühl zur Stadt oder weitere Kenntnisse über sie. In einer kleinen Gruppe schlugen wir auf dem lokalen Campingplatz unsere Zelte auf, direkt am Fluss Loisach. Denn das war unser Ziel, zehn Tage Kajakfahren auf den Wildbächen der Region. Am letzten Abend unserer Reise wollten wir den Trip mit einem Essen in der Stadt ausklingen lassen. Was mir tagsüber bereits aufgefallen war: Meine sensiblen Antennen signalisierten mir selten, dass ich angegafft wurde, ob beim Tanken oder Eisessen auf dem Marktplatz. Ich dachte nicht weiter drüber nach und verbuchte es als Zufall, es gab keinen Grund für mich, darüber länger nachdenken. Warum auch – in diesem Fall fühlte es sich ja gut an.

Es überraschte mich aber dennoch, die Umgebung war weiß, eine Kleinstadt von circa 25 000 Einwohner*innen an der österreichischen Grenze. Ich hatte ein anderes Gefühl erwartet. An besagtem letzten Abend unserer Reise gingen wir essen und anschließend in eine Art Diskothek, die eher einem überdachten Marktplatz mit hunderten Stehtischen glich und bei der Ballermann-Feeling in der Luft hing. Bevor wir aber auf der Türschwelle wieder Reißaus nehmen konnten, wurden wir von einem Schwarzen Mann in Empfang genommen, der uns leicht angetrunken an seinen Tisch einlud, um mit ihm und seinen vier Freunden Sangria aus einem Eimer zu schlürfen.

Bei genauer Betrachtung dieser eher ungewöhnlichen Location und ihrer Gäste fiel uns auf, dass etwa die Hälfte der Gäste PoC waren. Von ihnen war am Tage nie etwas in der Stadt zu sehen, wo kamen plötzlich all diese Menschen her? Ein Hauch Amerika wehte uns ins

Gesicht. Alle sprachen Englisch, und nun dämmerte es mir ... Die langen Mauern, an denen wir tagsüber mit dem Auto vorbeifuhren, gehörten zu einer riesigen Kaserne. Die USA haben in Garmisch seit Ende des Irakkrieges Soldat*innen stationiert.

Garmisch-Partenkirchen kann auf eine lange Historie im Zusammenleben mit Amerikaner*innen zurückblicken. Eine Geschichte, die tagsüber nur beim genaueren Hinsehen erkennbar ist. Die Amerikaner haben stetig ihre Truppen verkleinert, und so ist ihre Präsenz in den vergangenen Jahren nicht mehr so sichtbar. Anscheinend kamen die Soldaten aber in den Abendstunden von ihrer Base und mischten sich unter die Einheimischen und uns Tourist*innen.

Das Zusammenleben mit den Amerikaner*innen in diesem kleinen Ort, die Tatsache, dass unter den US-Soldat*innen viele PoC sind, hat anscheinend zumindest dazu geführt, dass Schwarze auf der Straße, beim Tanken oder Eisessen als Teil des Alltags betrachtet wurden und eben nicht als etwas Fremdes oder als Bedrohung. Der Schwarze, der nicht Geflüchteter oder Drogendealer ist, sondern US-Soldat und für die ganze Region von ökonomischer Bedeutung ist. Genau solche Bilder machen es unserem Gehirn leichter. So leicht, dass sie mein Leben im Alltag manchmal positiv verändern.

Das Ende des Rauschens.

Es geht für mich und meinen Alltag um Repräsentanz, da sie eine bedeutende Wirkung auf mein Leben hat, auf das Grundrauschen. In extremer und immer wieder schöner Form habe ich dieses Gefühl von normalisierter Repräsentanz in New York. Vor einigen Jahren machte ich mit einem guten Freund eine Reise in die amerikanische Metropole. Wir waren zwar keine Studenten mehr, hatten aber auch keine prall gefüllten Portemonnaies. Also sparten wir am Hotel, sofern dies überhaupt in Manhattan möglich ist – und doch erinnerte unsere Unterkunft stark an das Reisen zu Studentenzeiten: Viele

Zimmer auf engem Raum, geruchsintensiv, klassische Gemeinschaftsräume.

An der Rezeption hing eine Pinnwand voller Bilder ehemaliger Besucher. Ihre glücklichen Gesichter verrieten, dass sie wohl andere Zimmer gehabt hatten als wir. An Schlaf war in diesem Zimmer schwer zu denken. Es wurde von einem Kingsize-Bett ausgefüllt, links und rechts holzvertäfelte Wände, die mit einem riesigen Regenbogen bemalt waren. An der einen Seite zur Straße gab es ein winziges Fenster, an dem eine kastenförmige Klimaanlage hing. Es war Hochsommer, die stickige und heiße Luft stand in den Straßen New Yorks. Die Klimaanlage lief 24 Stunden, ununterbrochen ratterte dieser metallische Kasten in dem kleinen Fenster.

Neben dieser besonderen Art von nächtlichem White Noise gab mir Manhattan ein Gefühl, was ich in meinem Alltag in Deutschland oftmals vermisse. Ein Gefühl, als ob meine innere Klimaanlage ausgeschaltet sei. Das begann bereits mit der Ankunft am Flughafen in New Jersey: Bei der ersten kurzen Befragung am Zoll, die eigentlich eine unangenehme, einschüchternde Atmosphäre mit sich bringt, hatte ich ein ganz anderes, beruhigendes Gefühl. Der Zollbeamte, ein älterer Schwarzer Mann, nahm mich gar nicht richtig wahr, er spulte sein Befragungsprogramm emotionslos ab und ließ mich in die Vereinigten Staaten eintreten.

Es sind diese kleinen Momente, diese kurzen Augenblicke, die schwer für weiße Menschen nachzuvollziehen sind. Plötzlich gehe ich in jeglicher Hinsicht unter. New York schluckt mich bei jedem Besuch. Es sind sonst meist die unterschwelligen Anfeindungen für mich, über die ich nicht hinwegsehen kann, die zum Rauschen in meinem Kopf beitragen. Es sind die Unsicherheit und Sorge, die Teil meiner Grundstimmung in Deutschland sind: Wie wird es sein, wenn ich allein auf das Dorffest fahre, bei dem mich niemand kennt? Warum beobachtet mich im Kaufhaus der Detektiv permanent? Wieso hält die Frau neben mir in der Tram ihre Handtasche energischer fest? Dieses Gefühl ist gelernt von klein auf, bei mir und vielen anderen PoC. Es ist so präsent und verinnerlicht, dass sich die Anlage kaum abschalten lässt, das Hintergrundgeräusch ist immer da, leise und doch konstant störend. Ruhe gibt es unter diesen Umständen nicht für mich und uns.

Als ich bei unserer Reise am Washington Square Park saß und das Treiben um mich herum anschaute, eröffnete sich vor mir ein ganz besonderes Bild, das unecht wie aus einem Film anmutete: In der einen Ecke der Schwarze Pianist und in der anderen eine Gruppe Balletttänzer*innen. Ein fast schon aufgesetztes Bild von New York, in mir löste es aber ein glückliches Gefühl aus. Genau an solchen Plätzen zeigen sich neue Bilder, die auch konträr zu den Stereotypen stehen, die wir in Deutschland gewohnt sind und erlernt haben.

Das permanente Hintergrundgeräusch ist verstummt. Im heutigen Manhattan gehe ich nicht nur unter, neue Bilder gelangen in meinen Kopf. Bewusst spreche ich von Manhattan, mir ist klar, dass es auch in New York Diskriminierung und Rassismus gibt und in den USA struktureller Rassismus nach wie vor ein bestimmendes Thema ist. Mir geht es vor allem um mein Gefühl auf der Mikroebene, auf meiner subjektiven Ebene. Es geht darum, was gelebte, alltägliche Vielfalt mit mir macht und welche Hoffnung ich damit auch für mein Leben in Deutschland verbinde, wenn wir beginnen, die auch bei uns gegebene Diversity bewusst zu leben und zu zelebrieren.

Es mag der Eindruck entstehen, dass sich »nur« diese Bilder ändern müssen, um unser Denken zu verändern und Rassismus abzubauen. Daran glaube ich nicht, und das möchte ich auch nicht aussagen. Rassistisches oder diskriminierendes Denken ist tief verwurzelt in der westlichen Gesellschaft und lässt sich beispielsweise nicht durch einen Schwarzen Tagesschau-Sprecher abschaffen. Rassismus hält auch Strukturen aufrecht, die den privilegierten Status weißer Menschen zementieren und stützen. Wenn wir in unseren Köpfen zunehmend Bilder von Menschen haben, die nicht von Stereotypen und Vorurteilen zersetzt sind, so verbessert es das Klima im Miteinander. Und genau hier liegt die Lösung: im Miteinander.

VIELFALT ...

... bedeutet Zugehörigkeit.

Diversity, Equity and Inclusion – so ist die derzeitige vollständige Bezeichnung dafür, wie und was die Arbeit an Vielfalt in Organisationen und Unternehmen beinhalten soll. Es geht nicht nur um eine vielfältige Belegschaft und die Anerkennung von Differenz, sondern auch um die Arbeit für Chancengerechtigkeit sowie die Einbindung von Menschen durch Wertschätzung und Respekt.

Zu diesem Dreiklang gesellt sich ein weiterer Aspekt, der mitschwingt, trotzdem aber gesondert hervorgehoben werden darf, nämlich Zugehörigkeit (gern wird der engl. Begriff Belonging benutzt). Ein für mich besonderer Aspekt, der es ermöglicht, das Thema aus der Arbeitswelt hinaus in unser tägliches Leben zu nehmen. Mir geht es nicht nur um Diversity Management in Organisationen, sondern darum, wie wir Tag für Tag gut zusammenleben können. Wir leben in einem vielfältigen Land, die Frage ist also, was es braucht, was wir aus der aktuellen Debatte für unser tägliches Leben mitnehmen können.

Eine einfache Antwort gibt es hierauf nicht, denn es braucht gesellschaftlich einiges an Veränderung. Es bedarf auf Seiten der Menschen, die beiläufig oder unbewusst diskriminieren, zum Beispiel einer gezielten Kraftanstrengung. Eine Kraftanstrengung in Richtung eines Eingeständnisses der eigenen Vorurteile und einer Betrachtung der eigenen Privilegien. Ganz gleich, wer oder welche Gruppe sich benachteiligt fühlt und diskriminiert wird, um sich zugehörig zu fühlen, muss das Gegenüber seine Privilegien in der Gesellschaft somit reflektieren. Die Frage, warum Menschen unter struktureller Diskriminierung leiden und man selbst vielleicht nicht, sollte Teil dieses Prozesses sein.

Über Privilegien nachzudenken bedeutet nicht, auf die verbale Barrikade zu gehen, also einen Schutz- oder Abwehrwall aufzubauen. Wenn beispielsweise darauf hingewiesen wird, dass es keinen Rassismus gegen weiße Menschen gibt, so gilt es sich damit erstmal auseinanderzusetzen, als trotzig zu reagieren. Ein verbales Verbarrikadieren führt selten zu einem Dialog, der unser Leben in Vielfalt in irgendeiner Form bereichert.

... steckt in jedem Menschen.

Vielfalt steckt in jedem von uns. Wir haben uns die unterschiedlichen Dimensionen in der Diversity-Debatte angeschaut. Alter, Ethnische Herkunft, Geschlechtliche Identität, Körperliche und Geistige Fähigkeiten, Soziale Herkunft, Sexuelle Orientierung sowie Religion sind die gern beschriebenen Kern-Dimensionen. Diese machen unter anderem die Persönlichkeit aus, neben sie gesellen sich weitere Dimensionen, die aber flexibler sind, wie Familienstand oder das eigene Freizeitverhalten.

Was bei der Betrachtung dieser Dimensionen auch auffällig ist: Wenn wir von Vielfalt sprechen, sprechen wir auch immer von Gemeinschaft. Wie fühle ich mich mit und in meiner Persönlichkeit wertgeschätzt, zugehörig und angenommen durch meine direkten Mitmenschen? Das ist auch im beruflichen Kontext natürlich eine zentrale Frage. Dafür ist aber auch wichtig herauszustellen, dass der Diversity-Begriff dabei ganzheitlich betrachtet werden kann. Denn jeder Einzelne bringt seine ganz eigene Biografie mit sich. Es geht also nicht nur um die Verhinderung und Überwindung von Diskriminierung, sondern auch allgemein um die Vermittlung von Wertschätzung und Anerkennung innerhalb einer Gruppe, Gemeinschaft oder eines Teams, das zusammenarbeiten muss. Letztendlich ist diese Frage für jeden Menschen essentiell.

Wie gehen wir also miteinander um und respektieren einander – beziehungsweise erkennen unsere Gemeinsamkeiten und Unterschiede an. Diskriminierung muss stetig aufgedeckt und behoben werden, aber darüber hinaus gilt es, auch über den Dialog Wertschätzung in jeglicher Form zu etablieren. Das bedeutet im Kontext von

Teams in Unternehmen, die immateriellen Werte eines Unternehmens, also Eigenschaften und Interessen im Menschen, zu beachten und zu fördern. Einen Raum für die persönliche Entfaltung zu erzeugen sollte nicht nur für die Kultur in modernen Unternehmen gelten, sondern in jeglicher Hinsicht für unser Zusammenleben.

Sofern wir Vielfalt ganzheitlich betrachten, sind wir weniger dazu verleitet, uns permanent anderen Gruppen anzuschließen. Der Mensch ist zwar ein Herdentier, aber der Wunsch, sich permanent Gruppen anzuschließen, birgt die Gefahr, sich verstärkt über diese eine Gruppe zu definieren. Genau dies funktioniert jedoch oft über die Abwertung anderer Gruppen.

... ist eine Frage von Macht.

Ein zentrales Thema innerhalb der Debatte um Diversity ist für mich die Frage um Macht. Sie reiht sich zum vorangegangenen Thema der Privilegien ein, ein ähnlich unangenehmer Aspekt. Bei der Frage von Macht geht es nicht nur um die individuellen Privilegien, sondern um Strukturen, die eine gewisse Stellung verfestigen und stützen. In erster Linie geht es dabei erstmal darum, anzuerkennen, dass wir über Macht offen reden können. Diese Form der Macht ist im Fall von Rassismus historisch aufgebaut und zeigt sich manchmal offensiv, manchmal ganz subtil und nur, wenn man genauer hinschaut.

Wichtig ist, Rassismus muss benannt werden. Dies klingt trivial, aber allein beim Wort Rassismus verfallen einige Menschen in eine Starre. Zum Beispiel im Falle, wenn ein PoC dem weißen Gesprächspartner sagt: »Dies war eine rassistische Äußerung.« Viele Gesprächspartner*innen werden dann nervös, wiegeln ab oder blockieren. Rassismus muss aber auch im kleinsten Fall benannt werden. Viele Menschen möchten über Vielfalt sprechen, sofern aber darauffolgend geäußert wird, dass es auch um Antidiskriminierung oder spezifisch um Rassismus geht, entsteht oftmals ein großes Schweigen anstelle eines lebendigen Austauschs.

Die Auseinandersetzung mit Vielfalt lädt allein aufgrund der Spannbreite und der damit zusammenhängenden Komplexität des Themas dazu ein, nur die Oberfläche zu beackern. Dabei ist wichtig zu hinterfragen, warum wir beispielsweise schon so lange von einer »Gläsernen Decke« sprechen, ohne dass tatsächlich etwas passiert ist.

Einer der Gründe, warum beim Thema Diversity oftmals keine inhaltliche Tiefe entsteht (Stichwort Color Washing), ist die Frage nach Macht und danach, wem diese Strukturen eigentlich nützen. Es ist zum Beispiel für eine Firma nun mal wesentlicher einfacher, zu einem Diversity Day das Logo bunt zu färben oder auf dem CSD einen Truck zur Verfügung zu stellen, als sich dem Thema Gender-Pay-Gap oder einer Quotenregelung zu nähern.

Neben der Frage von Macht ist es gerade im Kontext von Unternehmen auch eine Frage von Ressourcen, sowohl finanziell als auch zeitlich. Vielfalt und Chancengerechtigkeit werden nicht erreicht, indem Mitarbeiter*innen sich nebenher ein, zwei Maßnahmen ausdenken, die bestenfalls der Unternehmenskommunikation nutzen können. Diversity Management benötigt in jedem Fall Strategie und Professionalisierung, nur so kann das Thema ernsthaft angegangen werden.

Jede*r kann für sich in seinem Umfeld und in seinem Job schauen, welche Diskriminierungsfelder es gibt, und darüber nachdenken, welche Strukturen diese eigentlich bedingen und wer davon profitiert sowie (indirekt) an ihnen festhält. Die ehrliche Beantwortung dieser Frage ist ein erster Schritt, um Veränderung anzustoßen.

Dies bedeutet ebenfalls, dass wir die Stimmen und die Botschaften aus #metoo oder #BlackLivesMatter nicht abtun, sondern den Kern dahinter für uns annehmen sollten. Unternehmen nutzen solche Hashtags liebend gern für ihr Marketing und Pressearbeit und verkörpern damit ihre Solidarität. Schlimmstenfalls verknüpfen sie diese Solidaritätsbekundungen noch mit mehr oder weniger passenden Produkten und missbrauchen politischen Protest für werbliche Zwecke. Damit ich nicht falsch verstanden werde: Unternehmen dürfen und sollen Haltung zeigen. Wichtig ist aber, dass es auch einen tatsächlichen Willen zur Veränderung gibt. Eine Veränderung, die die DNA berührt und Machtstrukturen neu definiert.Heißt auch, dass beispielsweise Identitätspolitik keine Zensur bedeutet, wie manche Kritiker*innen meinen, sondern als Bewegung gesehen werden darf, die einen Weg einschlägt, um Reflexion anzuschieben und voranzutreiben. Eine Bewegung, die jetzt in Gang gekommen ist, und sie bringt hoffentlich machtvolle Strukturen ins Wanken. Es kann also auch zusammengefasst werden, dass es ein Kollektiv braucht, um Veränderungen anzustoßen.

»Die Macht der Veränderung liegt in der kollektiven Energie, die sie generiert. Nur als Kollektiv können wir uns vom engen Kokon befreien und fortfliegen.«[44] So beschreibt es Emilia Roig in ihrem wertvollen Buch *Why We Matter*.

... ist Sensibilisierung und Reflexion.

Die Kernthese, die ich in diesem Buch verfolge, ist relativ simpel: Wir brauchen Role Models, die mit Stereotypen brechen. Wir setzen also unseren Denkmustern neue Bilder entgegen. Wir alle, und vor allem Kinder, lernen durch Beobachtung. Welchen Bildern setzen wir uns also aus, was zeigen uns die Medien, und wie befeuern wir permanent alte Stereotypen?

Wir sehen noch zu selten einen Menschen mit Rollstuhl als CEO im Film oder in der Werbung. Wir brauchen Rollen, die nicht den Rollstuhl in den Vordergrund stellen oder womöglich noch eine Herkunft, weil der Protagonist Schwarz ist. Es lohnt sich Medien, Filme und Serien kritisch anzuschauen. Vor allem in Bezug auf Rassismus zeigen sich nach wie vor in vielen Medien, ob Berichterstattung oder fiktionaler Stoff, dass Stereotype bedient werden. Wir sehen auf unserem Bildschirm immer noch viel zu häufig den fröhlichen Schwarzen aus prekären Verhältnissen oder die ältere türkische Hausfrau mit Kopftuch, die ahnungslos, aber freundlich in ihrer kleinen Welt – der Küche – lebt.

Wenn wir also auf der einen Seite neue Role Models wahrnehmen, diese als »normal« oder besser gesagt als alltäglich wahrnehmen, hilft das unseren Denkmustern und unterstützt unseren Weg hin zu weniger Vorurteilen. Einem tatsächlichen Rassisten kann ich schwer beikommen oder einer Polizistin, die bewusst ihre Vorurteile beim Racial Profiling auslebt – für mich stehen deshalb die Personen im Fokus, die ihre unbewussten Vorurteile aufdecken möchten.

Wir müssen also an uns selbst arbeiten, und dies gilt für die meisten Menschen, was viele als schwierig empfinden. Vor allem weil es um Themen geht, die wehtun, letztendlich möchte sich niemand selbst als diskriminierend oder womöglich rassistisch bezeichnen. Doch genau dies müssen wir tun, die Dinge beim Namen nennen, um tatsächlich etwas zu verändern. Wir sind nun mal in rassistischen Strukturen aufgewachsen, dies befeuert unsere Schubladen an Vorurteilen enorm.

Rassismus ist nicht nur der pure Hass, er ist viel mehr und vielschichtiger und trifft Menschen wie mich gern beiläufig im zufälligen Gespräch, an der Ampel oder im Zug bei polizeilichen Grenzkontrollen. Auf einmal ist er da, steht schwer im Raum, und niemand will darüber reden oder es gewesen sein: White Fragility, der persönliche Abwehrmechanismus, wenn sich über den eigenen Rassismus ausgetauscht wird. Nach meiner Erfahrung ist es oftmals Trotz oder eine Umkehrhaltung, nach der ich beispielsweise alles nicht so eng nehmen solle.

»Gefühle von Empörung oder Wut führen zur Abkehr vom Thema und wahrscheinlich auch dazu, die Schuld für diese Gefühle bei der Person zu suchen, die den Rassismus angesprochen hat, statt sich mit Rassismus selbst auseinanderzusetzen. Du siehst vielleicht, dass White Fragility einen echten Dialog zum Thema verhindert.«[45]

Tupoka Ogette

BRIEF AN
MEINE TOCHTER.

Dir ein Vorbild sein.

Keine Frage, die Strukturen, in denen wir aktuell leben, spiegeln noch keine vollkommene Chancengerechtigkeit wider. Selbstverständlich geben wir, also deine Eltern, immer unser Bestes im Familienleben und versuchen, einander nicht nur zu entlasten, sondern ebenbürtig durchs Leben zu gehen. Welcher Mann oder Familienvater kennt die Kommentare nicht, er solle seine Frau unterstützen und ihr helfen. Es klingt manchmal so, als ob wir Väter am Spielfeldrand stehen dürfen, zuschauen und nur manchmal eingreifen sollen, wenn Not an der Frau ist. Selten hört man den umgekehrten Fall, dass die Frau dem Mann helfen oder ihn unterstützen kann.

»Wenn wir sagen, dass Väter helfen, gehen wir davon aus, dass Kinderbetreuung Aufgabe der Mutter ist, in die Väter sich mannhaft vorwagen«, wie Chimamanda Ngozi Adichie es in ihrem Buch *Liebe Ijeawele...* schreibt.[46] Es bleibt ein gelerntes Bild, dass die Frau noch immer die treibende Kraft für die Kinderversorgung und Erziehung in Deutschland ist. Auch wenn sich das Selbstverständnis grundlegend in den letzten Jahrzehnten bei uns Vätern geändert hat, so offenbarte die Corona-Pandemie sehr deutlich, dass Deutschland mit Bezug auf Gleichberechtigung noch nicht so weit ist. Es waren die Frauen, die in der Zeit vorwiegend zu Hause blieben und sich um die Versorgung oder das Homeschooling der Kinder kümmerten. Die großen Probleme wie Gender-Pay Gap traten in diesen Zeiten deutlich zu Tage.

Mir geht es aber jetzt nicht um die strukturellen Probleme im System, die immer leicht zu kritisieren sind, sondern um meinen eigenen Anteil. Dir ein Vorbild zu sein, liebe Tochter, ist mein Auftrag. Welches Bild gebe ich ab? Und was trägt dazu bei, dass deine unbewussten Vorurteile, die du im Laufe deiner Sozialisation entwickelst, so gering wie möglich sind und auch möglichst wenig Einfluss auf deine ganz persönliche Entwicklung haben?

Für dich da zu sein ist die einfache Essenz, in der sich Liebe ausdrückt. Da zu sein als ein Spiegelbild. Du lernst über Beobachtungen, eine Herausforderung, die bei mir dazu führt, mein Verhalten mehr zu reflektieren. Ich sehe dich an und weiß, dass du anders aufwächst als ich. Das N-Wort wird für dich sicherlich und hoffentlich weniger präsent sein, als es in meinen Kindheitstagen war. Dein Freundeskreis wird, vorausgesetzt wir bleiben in Großstädten leben, ein Stück weit divers sein. Bereits jetzt, du bist fast zwei Jahre alt, hast du eine Erzieherin mit Hidschab, eine weitere spricht nur Englisch und bringt eine neue Kultur in dein Leben. Doch trotz dieser Vielfalt, die du in deinen ersten Lebensjahren erlebst, hast du bisher noch sehr wenige andere Schwarze Männer kennengelernt außer deinem Vater. Auf dem Spielplatz mitten in München sind wir oft die einzigen Schwarzen Menschen. Die Zeit, die wir zu zweit verbringen, ist auch eine neue Erfahrung für mich.

Das Erste, was mir mit dir auffällt, ist, dass viele Menschen die Helligkeit deiner Hautfarbe in deinen ersten Lebenswochen nicht nur wahrnehmen, sondern geradeheraus kommentieren müssen. Dir mag es selbst bereits aufgefallen sein, dass du nicht die Hautfarbe deiner Eltern hast, sondern etwas ganz eigenes. Kindern und auch Babys fällt früh auf, dass Menschen unterschiedliche Hautfarben haben. Sie sind nicht farbenblind, wie man gern meinen mag.

Aber auch wenn ich Schwarz bin und deine Mutter weiß, ist dein restliches Umfeld primär weiß, obwohl du seit deinem ersten Tag immer wieder gleichaltrige Kinder zum Spielen hattest, die People of Colour sind.

Umso wichtiger ist es also für mich, dir frühzeitig die Vielfalt unserer Gesellschaft aufzuzeigen. Zu betonen ist an dieser Stelle, dass Babys zwar Unterschiede erkennen, aber (noch) nicht werten. Denn ihr zukünftiges Verhalten hängt zum Teil natürlich von dem Vorleben ihrer Bezugspersonen, also uns Eltern, ab. Bereits Kinder von drei oder vier Jahren können erhebliche Vorurteile entwickeln. Ich selbst hatte Glück gehabt, ich kann mich nicht erinnern, dass im Kindergarten oder in der Vorschule andere Kinder bewusst nicht mit mir spielen wollten, weil ich Schwarz bin. Erste Diskriminierungen kamen eher von Erwachsenen als von anderen Kindern.

Und bei diesen liegt auch das Problem. Wir sind dir ein Vorbild, auch unser Verhalten spiegelt sich in deinem wider. Deine Welt, in der du aufwächst, ist der Spiegel deiner angelernten Vorurteile. Jedes Kinderbuch, jeder Zeichentrickfilm, jede Puppe sind Nährboden für deine eigenen Bias, die du frühzeitig erlernst.

Ich dachte, es wäre so einfach, Kinderbücher zu kaufen, die vielfältig sind und Klischees vermeiden. Lange mussten deine Mutter und ich suchen, um wirklich schöne Bücher zu finden, die in der Tat eine vielfältige Gesellschaft abbilden. Auch deine erste Puppe sollte nicht mit Klischees vollgestopft sein. Es reicht nicht, einfach online nach klischeefreien Puppen zu suchen, es bedarf einer intensiven Recherche, die mittlerweile auch in Deutschland glücklich verläuft, aber eine gewisse Geduld voraussetzt. Es sollte für uns Eltern ein stetiger Versuch sein, dir das »Richtige« vorzuleben.

Dieses Vorleben kann anscheinend auch enorme Auswirkungen auf dein weiteres berufliches Leben haben. Väter, die versuchen, sich paritätisch um die Kindererziehung und vor allem um Haushaltsaufgaben zu kümmern, beeinflussen oftmals die Karrierelaufbahn ihrer Tochter. Diese Töchter werden vermehrt Ingenieurinnen oder gehen in Jobs, die immer noch überwiegend von Männern besetzt sind. Auch wenn ich kein Fan vom Putzen bin, so ist zumindest diese Tatsache eine Motivation für mich und hoffentlich auch für viele andere Väter, mehr im Haushalt zu leisten.[47] Die Studie zeigt auch auf, wie eingehend Kinder ihre Bezugspersonen beobachten. So lernen Jungs überkommene Rollenbilder, wenn der Vater weniger im Haushalt macht als die Mutter, und so lernen Mädchen oftmals, ganz automatisch zusätzliche Aufgaben im Haushalt zu übernehmen. Sie tun das, was sie sich von ihren primären Bezugspersonen abschauen.

Dies bedeutet für mich aber auch, jegliche Rollen immer wieder zu überdenken und darüber nachzudenken, wo und wie sie entstanden sind. Nur so kann ich sie richtig in Frage stellen.

Wenn ich also häufiger die Toilette putze und bügele, wäre es auch wichtig, dass deine Mutter auch öfter genau das tut, was vermeintlich zur männlichen Rolle oder zu den Aufgaben von Vätern gehört. Das wir teils in Rollenmustern gefangen sind, zeigt sich natürlich auch in den Spielzeugabteilungen von Kaufhäusern. Die Spielzeugindustrie tut ihr Bestes, damit rosa Puppen für Mädchen sind und der blaue Hubschrauber für Jungs. Der Weg aus einer starren Geschlechterrolle hinaus ist ein Kraftakt – für uns alle. Aber wir drei sind als Familie zusammen auf dem Weg, und das erfüllt mich jeden Tag aufs Neue mit Hoffnung und Freude.

Wenn es somit um die Gleichstellung von Männern und Frauen im Beruf geht, so gilt es, nicht nur die strukturellen Schwachstellen im Job zu verbessern, sondern auch in die Familien hineinzuschauen. Es braucht für Väter mehr Möglichkeiten, Zeit zu Hause zu verbringen. Aber zurück zu uns, wie gesagt, es ist einfach, immer die strukturellen Schwierigkeiten zu sehen. Ich bemühe mich jedoch darum, dir zu Hause neue Bilder vorzuleben.

Eine Wir-Kultur.

Ich freue mich, dass du in einem Umfeld aufwächst, das den bewussten Willen in sich trägt, mit weniger Vorurteilen zu leben und gegenseitig respektvoll miteinander umzugehen. Ich hoffe, dass dies für deine Zukunft anhält und viele Menschen dieses Bestreben in sich tragen.

Vor einigen Jahren hielt ich einen Vortrag über Rassismus an einer privaten Hochschule für Sozialpädagogik. Ich wurde vom allgemeinen Studierenden Ausschuss (AStA) eingeladen, da sich an der Hochschule ein klassischer Diskriminierungsfall zugetragen hatte. Die Studierenden wollten darauf mit einem Aktionstag über Diskriminierung reagieren. Ein Dozent hatte sich in unterschiedlichen Vorlesungen geweigert, das N-Wort zu vermeiden. Auch die wiederholte Intervention der Studierenden, dies doch zukünftig zu vermeiden, erzeugte keine Einsicht beim Professor. Seine Reaktion und Argumentation für die Verwendung sind althergebracht und häufig gehört: Das N-Wort sei für ihn nicht negativ besetzt, sondern würde wertfrei eine Hautfarbe beschreiben. Dass er damit falschliegt, hätte er allein an der Reaktion der Studierenden spüren können.

Seine Uneinsichtigkeit führte dazu, dass der AStA diesen Aktionstag auf die Beine stellte, für Studierende und vor allem auch für Dozent*innen. Nach meinem Vortrag, der grundsätzlich darüber aufklärte, warum rassistische Sprache dekonstruiert werden muss, gab es eine kleine Frage-und-Diskussions-Runde.

Ein Dozent bedankte sich bei mir für den Beitrag und schloss seine Ausführung damit ab, dass er aber eigentlich nun gehemmt ist und lieber nichts mehr zu dem Thema sagen möchte, da er die Befürchtung hat, etwas Falsches zu sagen. Er weiß nun auch nicht mehr, wie er mich richtig ansprechen soll.

Ein sehr guter Freund von mir, der mich an diesem Tag begleitete, antwortete auf diese Ausführung vom Professor, dass er doch einfach nach dem Namen fragen könnte und schlichtweg Unwissenheit zum Thema mit einer freundlichen Nachfrage transparent machen kann – die Betonung liegt auf freundlich und respektvoll.

Ein Fall, der exemplarisch ist und auch heute und vor allem im Diversity-Diskurs immer wieder auftaucht und den ich dir, liebe Tochter, ersparen möchte.

Die vermeintliche Angst, das Falsche zu sagen, die Hemmnis im Umgang mit anderen Menschen. Dabei gilt auch für diese Debatte, wie eigentlich für jede andere auch: Es ist wenig verboten, vielmehr geht es um die Art und Weise, wie vermeintlich schwierige Themen angesprochen werden. Betroffene sind dabei nicht in der Bringschuld, die Reflexion muss intrinsisch motiviert sein und bedarf leider einer Kraftanstrengung, um wie bereits erwähnt unbewusste Vorurteile abzubauen.

Bei dem Professor, der das N-Wort in seinen Vorlesungen nutzte, wurde auch nach dem löblichen Aktionstag des AStA deutlich, dass er nicht willens war, seine Meinung zu ändern. Diese Sturheit ist natürlich bedauerlich und in seinem Fall als Lehrender eine Katastrophe. Bei dem Professor in der Fragerunde am Ende meines Vortrags sieht es jedoch ein wenig anders aus. Hier besteht die Chance, dass er seine Vorurteile und Barrieren im Kopf im Dialog überwinden kann oder sie zumindest für sich beleuchten kann.

Wenn er stattdessen aber nur daran denkt, dass er das N-Wort und dieses oder jenes nicht sagen oder gar daran denken darf, so wird er es zwangsläufig tun. Es ist der Rote-Button-Effekt: »Da darfst du nicht draufdrücken!« – und was passiert, nachdem ich zehn Minuten sehnsüchtig auf den Button schaue, ich drücke natürlich drauf.

Zusammenfassend kann es anstelle von Sprachverboten also nur darum gehen, dass die eigene innere Offenheit und der Wille zur Reflexion aus einem selbst heraus entstehen müssen, um anschließend über den Dialog zur Einsicht zu gelangen. Dies bedeutet auch anzuerkennen, dass vieles in unseren Gedanken nun mal von Vorurteilen zersetzt ist. Diese Einsicht muss bestehen bleiben, aber auch die Einsicht, dass man genau daran arbeiten möchte.

Es lohnt sich also manchmal, genau das vermeintlich Schwierige anzusprechen. Dies bedeutet wohlgemerkt nicht, verletzend zu sein, hier spielt der respektvolle oder, einfach ausgedrückt, der freundliche Umgang eine wichtige Rolle, aber auch das Eingeständnis, dass betroffene Menschen auch nicht immer über Diskriminierung sprechen möchten. Die Selbstbestimmtheit meinerseits, wann oder ob ich über solche Themen reden möchte, muss gewährleistet sein und sollte nicht in einer ablehnenden, beleidigten Haltung münden.

Erst kürzlich sprach mich ein guter Bekannter abends bei einem Glas Wein darauf an, dass es doch tatsächlich viele Schwarze Dealer im Stadtpark gebe und man dies ja wohl sagen dürfe. Selbstverständlich darf er das sagen, nur in diesem Fall, zu diesem Zeitpunkt, hatte ich auch schlichtweg keine Lust, um über seine Stereotype zu reden. Ich wollte nicht dagegenhalten und offenlegen, dass er seinen Vorurteilen gerade erlegen ist. Ich schenkte ihm ein weiteres Glas ein und sagte, dass ich gerade keine Energie für dieses Thema habe. Er holte kurz Luft, setzte an, und die Empörung brach aus ihm heraus, warum ich denn jetzt keine Lust habe.

Liebe Tochter, in deiner Welt musst und darfst du ebenso bei dir bleiben, und ich wünsche dir, dass deine Umgebung darauf nicht gleich beleidigt reagiert. Wenn die Generation Z, also die zwischen 1997 und 2002 Geborenen, tatsächlich zu »woke« und aufgeklärt sind, wie es aktuell teilweise kritisiert wird, so wird dir vieles hoffentlich erspart bleiben, sofern sie auch im Erwachsenenalter ihre Aufgeklärtheit beibehalten und ihr jetziges Aufbegehren Früchte trägt.

Diese permanente Reflexion über Vorurteile und der Wille diese aufzudecken wird vielleicht eine neue Ebene des Dialogs erzeugen, und ich freue mich darauf, dass du dies erleben wirst.

Wut durch Dialog ersetzen.

M ein Ringen nach einem Zusammenleben in Vielfalt steht in starker Verbindung mit dem Wunsch nach mehr Dialog. Es resultiert aus der Lust und dem Wunsch heraus, mit der »anderen Seite« mehr ins Gespräch kommen zu können. Es geht mir nicht darum, mit Radikalen zu reden, sondern mit all jenen, die ein »Ally« sein wollen, Unterstützer*in und Mitkämpfer*in gegen Diskriminierung, oder auch nur damit anfangen, ihre Stereotype und unbewussten Vorurteile zu hinterfragen und zu reflektieren. Also genau die Menschen, die auch ein Interesse an einem Dialog haben.

Dialog bedeutet, das Gesagte des Gesprächspartners nicht nur niederzubrüllen oder damit ins Rennen zu gehen, ihm die eigene Meinung aufzudrücken, sondern das Gesagte stehenzulassen, versuchen zu verstehen und im Idealfall auf Argumente einzugehen, die gegebenenfalls nicht geteilt werden.

Heutige Analysen über unsere westliche, vermeintlich moderne Gesellschaft beginnen oftmals damit, dass die Gesellschaft, in der wir leben, polarisiert ist. Trump, AfD und Co. sind Auswüchse dieser Polarisierung, in der die Anhänger nicht mehr gewillt sind, in einen Dialog zu treten. Vor allem in den USA hat diese Polarisierung fatale Probleme erzeugt. In der Impfkampagne gegen Corona zeigte sich zunehmend, dass die Trennlinie der Impfgegner*innen und Befürworter*innen entlang der beiden Parteien verläuft. Anhänger*innen der Republikaner ließen sich deutlich seltener impfen als jene der Demokraten. Die Polarisierung wird in diesem Fall also sogar gesundheitsgefährdend – und nicht nur das, sie ist eine Gefahr für jede Demokratie.

Demokratien bröckeln, wenn die politischen Ränder und die Gegensätze gestärkt werden. Zwischenräume oder Ambivalenzen verlieren an Bedeutung und werden nicht gehört. Dies zeigt sich hierzulande gerade bei den Diskussionen zu den unterschiedlichen Diversity-Themen, ob gendergerechte Sprache oder All Gender-Toiletten. Dabei geht es schon lange nicht mehr um die Sache selbst oder die Idee dahinter. Es entlädt sich vielmehr Wut und Frustration, ummantelt von diskriminierender Sprache und ignorantem Verhalten.

Corona zeigt auch hierzulande, welche Wut in der Bevölkerung stecken kann. Impfgegner*innen vereinen sich auf der Straße kommentarlos mit Rechtsradikalen, und wenn sie auf den Demonstrationen nicht gehört werden, so verschwinden sie ins Internet, um nicht nur ihre kruden Ansichten zu bestätigen, sondern auch ihre Wut nach draußen zu schießen. Florian Illies schrieb dazu in *Liebe in Zeiten des Hasses* mal, dass die Wut die Stiefschwester der Trauer ist. Eine vielleicht traumatisierte Gesellschaft, in der ein Großteil gekränkt ist und sich nicht mehr gehört fühlt. Sie entladen ihre Wut im Netz, mit dem vollen Bewusstsein, dass dieser Hass zu grauenvollen Taten führt, wie der Mord an Walter Lübcke oder die Gräueltaten in Hanau aufzeigen. Illies fragt zu Recht nach der Liebe in unserer Gesellschaft. Die Liebe als Heilmittel und als Wegbereiter, um den Dialog wieder zu entfachen oder um einander zumindest wieder zuzuhören.

Es muss die Hoffnung geweckt werden, dass die Wütenden wieder ihre Empörung abbauen und ein Gemütszustand erreicht wird, der in den Dialog führt. Wir benötigen einen kommunikativen Notfallkoffer voll Empathie und Wertschätzung, um den Wütenden gut zu begegnen. Genau einen solchen Koffer möchte ich auch dir mit auf den Weg geben, liebe Tochter, und hoffe, dass er sich in deinem weiteren Leben mit immer mehr stärkenden und empowernden Dingen füllen wird.

Weniger Neid.

Ich wünsche dir, dass deine Zukunft durch weniger Neid und Missgunst in der Gesellschaft bestimmt wird. Derzeit leben wir zwar in einer durch und durch individualisierten Gesellschaft, die gewissermaßen durch permanente Selbstoptimierung und das Vergleichen mit anderen bestimmt wird. Ganz unbewusst, aber trotzdem greif- und für jeden spürbar. Dabei geht es mir nicht um die problematischen Auswüchse von Sozialen Medien und den unterschwelligen bis offensichtlichen Vergleich von Lebensstilen auf Instagram und Co. Diese tragen sicherlich auch dazu bei und können als Verstärker wirken. Es geht mir aber eher um einen gesamtgesellschaftlichen Wandel, in dem Emotionen wie Neid und das Gefühl der Unter- und Überlegenheit sich immer wieder spürbar durchsetzen. Seien es die Proteste von Pegida oder die Etablierung der AfD.

Ich unterscheide dabei jedoch klar zwischen Gefühlen von Neid und dem Aufkommen von rechten Ressentiments. Ressentiments entstehen durch Vergleiche und falsche Gefühle. Die heutige, viel bemühte Beschreibung von Leistungsdruck ist real und zeigt sich in vielen Dimensionen des gesellschaftlichen Zusammenlebens. Dieser Druck kann aber nur entstehen und funktionieren, wenn wir uns, also jede*r Einzelne, sich vergleicht. Wir bewerten und vergleichen uns permanent, ob in unserer Kommunikationsfähigkeit, der beruflichen Leistungsbereitschaft, dem Aussehen oder unserer mentalen Verfassung. Die Möglichkeiten zur Unterscheidung und die Gefahr, sich unterlegen zu fühlen, sind dabei immer präsent. Ein Blick – oder besser gesagt der ständige Blick ins Handy – und das Gedankenkarussell der Vergleiche nimmt wieder seinen Lauf.

Ich glaube, dass der Umgang mit diesem indirekten Druck – die wenigsten Menschen, mich eingeschlossen, reflektieren dabei wirklich, wann und wie sie sich vergleichen – schnell zu einem Gefühl von Neid führen kann. Auch wenn es keine richtige Messlatte gibt, so ist vielen klar, dass die Erwartung an die individuelle Optimierung der eigenen Persönlichkeit hoch ist.

Dies setzt einen Prozess der Selbstentwertung in Gang. Wenn dann noch ein innerer Kampf einsetzt, um diese Erwartungen zu erfüllen, also noch mehr Kraftanstrengung, ist der Weg zu einem negativen Selbstbild schnell getan, aber auch zur Abwertung anderer, um diesem zugleich entgegenzuwirken. Ressentiments sind für solche Gefühle ein gefundenes Fressen. Sie lenken von einem selbst ab, helfen dabei, nicht zu reflektieren, sondern den vermeintlich Schuldigen woanders zu finden.

Und dies ist kein Phänomen, das sich auf bestimmte gesellschaftliche Schichten bezieht, es durchzieht alle Milieus unserer Gesellschaft. Daher wünsche ich dir, dass die Zukunft weniger durch Vergleiche und das unterschwellige Gefühl von Neid beherrscht wird. Dass sich vielleicht der derzeitige Trend hin zu mehr Achtsamkeit und Mitgefühl im Leben in der Breite durchsetzt und nicht nur eine Antwort auf die Leistungsgesellschaft ist, sondern zu einer Art Allgemeingültigkeit führt, die unser Zusammenleben bestimmen wird. Ich habe viele Hoffnungen für deine Zukunft, liebe Tochter, und ich freue mich darauf, dazu beizutragen, dass sie mit jedem Tag mehr Wirklichkeit werden.

Danke.

Herzlichen Dank an meine Lektorin Chantal-Fleur Sandjon für die wertvolle Unterstützung. Es ist ein stetiger Gewinn mit dir zusammenzuarbeiten.

Großen Dank an meine Interviewpartner*innen: Kenza Ait Si Abbou, Marcel Loko, Lina Maria Pietras und Melanie Raabe. Jeder Dialog brachte mich ein Stück weiter und gab mir die Chance zur Reflexion, ich freue mich auf den weiteren Austausch und danke euch für eure Freundschaft.

Danke an Johannes Engelke für dein Vertrauen in das Projekt.

Danke an Axel Martens für die besten Bilder.

Danke an Ulrike von Stenglin für den letzten genauen Blick.

Den liebsten Dank an Gianna Slomka für Geduld, Ruhe, Besonnenheit und die Liebe.

Und gut, dass ich diese Freunde und meine Familie habe – tiefer Dank gebührt euch.

Danke an das Lesehotel.at von Silke Seemann. Es ist der perfekte Ort zum Denken und Schreiben – wohltuend für Geist und Seele.

Timmel.

Glossar.

Akzeptanz vs. Toleranz = Gutheißen, Annehmen und Anerkennen vs. dulden, ertragen, gelten lassen.

Aneignung, kulturelle = Von kultureller Aneignung spricht man dann, wenn Menschen, meist der historisch bedingt dominierenden Gruppe, Aspekte einer anderen Kultur, wie indigener Völker, für sich nutzen und übernehmen. Es geht um die Aneignung von Symbolen und schlichtweg auch um Macht und Dominanz.

Blackfacing = Wenn weiße Menschen sich schwarz bemalen, unabhängig vom Anlass ist das immer unmöglich.

Black Lives Matter = engl. für »Schwarze Leben zählen«, ist eine transnationale Bewegung, die in den USA nach Fällen tödlicher Polizeigewalt gegen Schwarze entstanden ist und sich weltweit gegen Gewalt gegen PoC einsetzt.

Cancel Culture = Cancel Culture ist ein Schlagwort innerhalb der Debatte, das einige Kritiker*innen mit Zensur und den Auswirkungen gleichsetzen, dass beispielsweise Journalist*innen bei »falschen« Aussagen ihren Job verlieren. Sie reden davon, dass Personen ausgeschlossen werden, die auch nur ansatzweise diskriminierende oder unangemessene Äußerungen von sich gegeben haben. Der Begriff taucht in ganz unterschiedlichen Kontexten auf und wird vor allem von eher konservativen Medien dafür benutzt, eine vermeintlich fehlgeleitete Jugend zu beschreiben, die wahllos Menschen ausschließe, weil sie nicht ihrem Weltbild entsprechen.

Color Washing / Woke Washing = Wenn eine Institution öffentlichkeitswirksam Eintreten für eine soziale Sache oder eine diskriminierte Gruppe signalisiert, aber keine Handlung folgen lässt.

Diversity = engl. für Vielfalt. Sichtbare und unsichtbare Merkmale, die individuelle Sichtweisen, Perspektiven, Einstellungen und damit das Handeln von Menschen beeinflussen.

Diversity, Equity und Inclusion (DEI) = engl. für Vielfalt, Gleichstellung und Inklusion. Gemeint ist, dass die gesamte Bandbreite der Vielfaltsdimensionen eines Menschen betrachtet werden, alle Menschen die gleichen Lebenschancen haben sollten und Barrieren abgebaut werden, um eine gleichberechtigte Teilhabe aller zu ermöglichen.

Diversity Management = ganzheitliches Managementkonzept. Als solches ist es auf die Anerkennung und Wertschätzung aller Mitarbeitenden ausgerichtet, unabhängig von Persönlichkeitsmerkmalen, Lebensstilen oder -entwürfen. Es umfasst alle Strategien, Maßnahmen und Instrumente, die Vielfalt in der Organisation fördern und gestalten. Ziel ist es, Gemeinsamkeiten und Unterschiedlichkeit der Belegschaft zu erfassen, organisationsrelevante Aspekte dieser Vielfalt zu identifizieren und Arbeitsumfelder zu schaffen, die inklusiv und frei von Vorurteilen sind.

Fehn = urspr. Siedlung im Moor, im Ortsnamen Verweis auf Ortschaft angelegt entlang des entwässernden Moorkanals, wie Großefehn.

Gender Pay Gap = Differenz des durchschnittlichen Bruttostundenverdienstes zwischen Frauen und Männern.

Identität = die Summe von unterschiedlichen Eigenschaften und Auffassungen, die uns prägen und einzigartig machen.

Identitätspolitik betrachte ich als eine Form von Bewegung. Es ist ein schwieriges Unterfangen, wie sich immer wieder zeigt, aber stellt zumindest den wichtigen Versuch dar, komplexe Diskriminierungsstrukturen in ihren unterschiedlichen Dimensionen öffentlich zu diskutieren.

Inclusion = Gefühl der wertschätzenden Zugehörigkeit und des Miteinanders.

Inclusive Leadership = Führungskräfte, die allen Mitarbeitenden ein Gefühl der Zugehörigkeit vermitteln.

Intersektional = unterschiedliche Formen der Diskriminierungen überlagern sich und können kreuzen. Es geht damit auch um Mehrfach-Diskriminierungen und die heterogenen Erfahrungen innerhalb marginalisierter Gruppen. Ein Schwarzer Mann mit Behinderung erleidet zum Beispiel auf unterschiedlichen Ebenen Diskriminierung, die sich nicht addieren, sondern individuell ganz unterschiedlich bemerkbar machen.

Klischee = Ein Klischee ist eine Zuordnung von einer oder mehreren Eigenschaften zu einer Personengruppe oder aber auch einzelne Überzeichnungen, die vermeintlich einer Personengruppe zuzuordnen sind. Klischees können sowohl positiv als auch negativ ausfallen.

LGBTQIA+ = Abkürzung der englischen Wörter Lesbian, Gay, Bisexual, Transgender, Queer, Intersexual und Asexual, das + steht für weitere Sexualitäten.

Migrationshintergrund = laut offizieller Definition: »Eine Person hat einen Migrationshintergrund, wenn sie selbst oder mindestens ein Elternteil nicht mit deutscher Staatsangehörigkeit geboren wurde. Im Einzelnen umfasst diese Definition zugewanderte und nicht zugewanderte Ausländerinnen und Ausländer, zugewanderte und nicht zugewanderte Eingebürgerte, (Spät-) Aussiedlerinnen und (Spät-) Aussiedler sowie die als Deutsche geborenen Nachkommen dieser Gruppen.«

Normalität oder die Norm gibt es im Zusammenhang mit Diversität nicht. Es ist für mich kein Problem, den Begriff im beiläufigen Sprachgebrauch zu verwenden, aber im tieferen, inhaltlichen Diskurs ist er unangebracht. Normalität hängt immer mit Normen zusammen – und gerade diese Normen müssen wir hinterfragen, wenn wir ein wertschätzendes Miteinander in gelebter Vielfalt anstreben. Die Normalität als das Selbstverständliche in einer Gesellschaft, etwas, das nicht mehr erklärt werden muss – dies kann im Vielfaltskontext aber nicht funktionieren, da es die Unterschiedlichkeit eines Jeden negiert.

Othering = Menschen werden zu »Anderen«, zu Fremden gemacht. Sie sind auf einmal nicht Teil der »weißen«, »christlichen«, »richtigen« Gesellschaft. Ein klassisches, unterschwelliges und rassistisches Mittel, das gesellschaftlich viel zu wenig wahrgenommen wird.

PoC = Person of Color, der allgemein akzeptierte und selbstgewählte Begriff für nicht-weiße Menschen.

Pushback = Die direkte Abschiebung oder, klarer formuliert, die gewaltsame Zurückdrängung von Geflüchteten an der Grenze, damit sie nicht in die EU einreisen können. Eine Maßnahme, die rechtlich umstritten ist und bei der von offizieller Stelle gern geleugnet wird, dass solche Aktionen stattfinden. Die Menschenrechtsorganisation Pro Asyl dokumentierte aber zahlreiche Fälle an verschiedenen europäischen Außengrenzen. Ein unmenschliches Verfahren, da es Geflüchtete daran hindert, überhaupt Asyl zu beantragen.

Racial Profiling = engl. für ethnisches Profiling, eine diskriminierende Vorgehensweise der Exekutive (Polizei, Zoll, etc.) gegenüber Personen, die nicht auf Verdachtsmomenten basiert, sondern auf der Andersartigkeit der Person.

Regenbogenfahne = wurde bereits im 16. Jhd. als Zeichen der Hoffnung und Veränderung genutzt und ist seit den 70er-Jahren Zeichen der Friedensbewegung und der Schwulen- und Lesbenbewegung. Die Fahne wird kontinuierlich weiterentwickelt, zuletzt um einen Keil in den Farben der Trans- und Queerflagge und die Farben Schwarz und Braun, um PoCs zu repräsentieren.

Role Model = engl. für Vorbild, Identifikationsfigur für (meist jüngere) Menschen, der sie in Verhalten, Erscheinung und gesell. Stellung nachahmen.

Stereotyp = Stereotypen schaffen Zusammenhänge im Kopf. Stereotypen sind unsere Schubladen im Kopf, die jede*r in sich trägt. Sie haben eine Funktion, sie vereinfachen unser Denken und machen Komplexes schnell erfassbar. Das große Problem mit Stereotypen: Sind sie einmal verankert und erlernt, setzen sie sich im Kopf fest und werden nur selten revidiert.

Unconscious Bias = engl. für unbewusste Voreingenommenheit, also eine erlernte Annahme, die aus dem Unterbewusstsein das eigene Verhalten bestimmt.

Vorurteil = Ein Vorurteil spiegelt eine abwertende Haltung gegenüber Personengruppen wider. Sie sind mit einem Urteil über diese Gruppe verbunden, das Angehörige der jeweiligen Gruppe nicht individuell betrachtet, sondern aufgrund ihrer Gruppenzugehörigkeit abwertet.

Weißsein ist eine gesellschaftliche Positionierung. Diese bezieht sich nicht nur auf die Hautfarbe, sondern auch auf das Verhältnis zwischen Europa und vielen Teilen in der Welt, vor allen den Teilen, die kolonialisiert wurden. Weißsein ist gesellschaftlich mit Privilegien verbunden, was vielen nicht gänzlich bewusst ist.

White Fragility = Gefühle von Empörung oder Wut führen zur Abkehr vom Thema und wahrscheinlich auch dazu, die Schuld für diese Gefühle bei der Person zu suchen, die den Rassismus angesprochen hat, statt sich mit Rassismus selbst auseinanderzusetzen. Du siehst vielleicht, dass White Fragility einen echten Dialog zum Thema verhindert. (Nach Tupoka Ogette, *Und jetzt du*. S. 97)

Literatur.

Alibhai-Brown, Yasmin: *Zur Verteidigung der politischen Korrektheit. Eine Streitschrift.* Elsinor, Coesfeld 2019.

Allbright Stiftung (Hrsg.): *Deutscher Sonderweg: Frauenanteil in DAX-Vorständen sinkt in der Krise.* https://static1.squarespace.com/static/5c7e8 528f4755a0bedc3f8f1/t/5f7cb22f2f46821aa896e185/160 2007640517/AllBrightBericht_Herbst+2020.pdf (Letzter Zugriff am 13.6.2022).

Amjahid, Mohamed: *Der weiße Fleck. Eine Anleitung zu antirassistischem Denken.* Piper, München 2021.

Banaji, Mahzarin und Anthony G. Greenwald: *Vor-Urteile. Wie unser Verhalten unbewusst gesteuert wird und was wir dagegen tun können.* dtv, München 2015.

Bauer, Thomas: *Die Vereindeutigung der Welt. Über den Verlust an Mehrdeutigkeit und Vielfalt.* Reclam, Ditzingen 2018.

Becker, Manfred: *Systematisches Diversity Management. Konzepte und Instrumente für die Personal- und Führungspolitik.* Schäffer-Poeschel, Stuttgart 2015.

Bertelsmann Stiftung (Hrsg.): *Vielfalt leben – Gesellschaft gestalten. Chancen und Herausforderungen kultureller Pluralität in Deutschland.* Verlag Bertelsmann Stiftung, Gütersloh 2018.

Charta der Vielfalt (Hrsg.): *Factbook Diversity. Positionen, Zahlen, Argumente.* https://www.charta-der-vielfalt.de/fileadmin/user_upload/ Diversity-Tag/2022/Deutscher_Diversity-Tag_2022/Factbook_2022. pdf (Letzter Zugriff am 13.6.2022).

Coates, Ta-Nehisi: *Zwischen mir und der Welt.* Hanser Berlin, Berlin 2016.

Czollek, Max: *Desintegriert euch!* btb, München 2020.

El-Mafaalani, Aladin: *Das Integrationsparadox. Warum gelungene Integration zu mehr Konflikten führt.* Kiepenheuer & Witsch, Köln 2018.

Fajembola, Olaolu und Tebogo Nimindé-Dundadengar: »*Gib mir mal die Hautfarbe*«. *Mit Kindern über Rassismus sprechen.* Beltz, Weinheim 2021.

Förster, Jens: *Schublade auf, Schublade zu. Die verheerende Macht der Vorurteile.* Droemer, München 2020.

Fourest, Caroline: *Generation beleidigt. Von der Sprachpolizei zur Gedankenpolizei.* Edition TIAMAT, Berlin 2020.

Fukuyama, Francis: *Identität. Wie der Verlust der Würde unsere Demokratie gefährdet.* Hoffmann und Campe, Hamburg 2019.

Gabriel, Markus: *Moralischer Fortschritt in dunklen Zeiten. Universale Werte für das 21. Jahrhundert.* Ullstein, Berlin 2020.

Gümüsay, Kübra: *Sprache und Sein.* btb, München 2021.

Hartmann, Martin: *Vertrauen. Die unsichtbare Macht.* S. Fischer, Frankfurt 2020.

Haruna-Oelker, Hadija: *Die Schönheit der Differenz. Miteinander anders denken.* btb, München 2022.

Hasters, Alice: *Was weiße Menschen nicht über Rassismus hören wollen aber wissen sollten.* hanserblau, Berlin 2019.

Hübl, Philipp: *Die aufgeregte Gesellschaft. Wie Emotionen unsere Moral prägen und die Polarisierung verstärken.* C. Bertelsmann, München 2019.

Hucke, Veronika: *Mit Vielfalt und Fairness zum Erfolg. Praxishandbuch für Diversity und Inclusion im Unternehmen.* Springer Gabler, Wiesbaden 2017.

Illies, Florian: *Liebe in Zeiten des Hasses. Chronik eines Gefühls 1929-1939.* S. Fischer, Frankfurt, 2021.

Jacob, Kathryn, Sue Unerman und Mark Edwards: *Belonging. The Key to Transforming and Maintaining Diversity, Inclusion and Equality at Work.* Bloomsbury Business, London 2020.

Jung, Marius: *Wer wird denn da gleich Schwarz sehen? Über deine Vorurteile. Und meine.* Edel Books, Hamburg 2021.

Klein, Stefan: *Wie wir die Welt verändern. Eine kurze Geschichte des menschlichen Geistes.* S. Fischer, Frankfurt 2021.

Knaus, Gerald: *Welche Grenzen brauchen wir? Zwischen Empathie und Angst –
Flucht, Migration und die Zukunft von Asyl.* Piper, München 2020.

Koppetsch, Cornelia: *Rechtspopulismus als Protest. Die gefährdete Mitte in
der globalen Moderne.* VSA, Hamburg 2020.

Küpper, Beate, Ulrich Klocke und Lena-Carlotta Hoffmann: *Einstellung
gegenüber lesbischen, schwulen und bisexuellen Menschen in Deutschland. Ergebnisse einer bevölkerungsrepräsentativen Umfrage.* https://www.antidis
kriminierungsstelle.de/SharedDocs/downloads/DE/publikationen/
Umfragen/umfrage_einstellungen_geg_lesb_schwulen_und_bisex_
menschen_de.pdf?__blob=publicationFile&v=4 (Letzter Zugriff am
13.6.2022).

M'Barek, Yasmin: *Radikale Kompromisse. Warum wir uns für eine bessere Politik in der Mitte treffen müssen.* Hoffmann und Campe, Hamburg 2022.

McWhorter, John: *Die Erwählten. Wie der neue Antirassismus die Gesellschaft spaltet.* Hoffmann und Campe, Hamburg 2022.

Neue deutsche Medienmacher*innen e.V. *Diversity Guide der Neuen
deutschen Medienmacher*innen. Handbuch für professionellen Journalismus
im Einwanderungsland.* 2021.

Ngozi Adichue, Chimamanda: *Liebe Ijeawele… Wie unsere Töchter selbst-
bestimmte Frauen werden.* Fischer TB, Frankfurt 2017.

Ogette, Tupoka: *exit RACISM. rassismuskritisch denken lernen.* Unrast,
Münster 2020.

Ogette, Tupoka: *Und jetzt du. Rassismuskritisch leben.* Penguin, München 2022.

Pitts, Johnny: *Afropäisch. Eine Reise durch das schwarze Europa.* Suhrkamp,
Berlin 2020.

Plummer, Deborah: *Handbook of Diversity Management. Inclusive Strategies
for Driving Organizational Excellence.* Editor, Half Dozen Publications,
Boston 2018.

Pörksen, Bernhard und Friedemann Schulz von Thun: *Die Kunst des
Miteinander-Redens. Über den Dialog in Gesellschaft und Politik.* Carl
Hanser, München 2020.

Roig, Emilia: *Why we matter. Das Ende der Unterdrückung.* Aufbau, Berlin
2021.

Schönauer, Mats und Moritz Tschermak: *Ohne Rücksicht auf Verluste. Wie BILD mit Angst und Hass die Gesellschaft spaltet.* Kiepenheuer & Witsch, Köln 2021.

Sen, Amartya: *Identität und Gewalt.* C.H. Beck, München 2020.

Sow, Noah: *Deutschland Schwarz Weiß. Der alltägliche Rassismus.* BoD, Norderstedt 2018.

Touré, Aminata: *Wir können mehr sein. Die Macht der Vielfalt.* Kiepenheuer & Witsch, Köln 2021.

Vester, Frederic: *Die Kunst vernetzt zu denken: Ideen und Werkzeuge für einen neuen Umgang mit Komplexität. Ein Bericht an den Club of Rome.* Pantheon, München 2019.

Anmerkungen.

1 Aus: Charta der Vielfalt (Hrsg.): *Factbook Diversity. Positionen, Zahlen, Argumente* https://www.charta-der-vielfalt.de/fileadmin/user_up load/Diversity-Tag/2022/Deutscher_Diversity-Tag_2022/Fact book_2022.pdf (Letzter Zugriff am 14.6.2022).

2 Vgl. Bertelsmann Stiftung 2018. S. 160.

3 https://www.gesetze-im-internet.de/agg/index.html#BJN R189710006BJNE000100000 (Letzter Zugriff am 13.6.2022) § 1.

4 Beispielsweise hier erklärt: https://www.bpb.de/themen/rechtsex tremismus/dossier-rechtsextremismus/213673/rassen-gibt-s-doch-gar-nicht/ (Letzter Zugriff am 13.6.2022).

5 https://www.destatis.de/DE/Themen/Gesellschaft-Umwelt/Bevo elkerung/Migration-Integration/Glossar/migrationshintergrund. html (Letzter Zugriff am 14.6.2022)

6 Vgl. Allbright Stiftung (Hrsg.): *Deutscher Sonderweg: Frauenanteil in DAX-Vorständen sinkt in der Krise.* https://static1.squarespace.com/ static/5c7e8528f4755a0bedc3f8f1/t/5f7cb22f2f46821aa8 96e185/1602007640517/AllBrightBericht_Herbst+2020.pdf (Letzter Zugriff am 13.6.2022), S. 8.

7 Ebenda, S. 6.

8 Vgl. https://www.destatis.de/DE/Presse/Pressemitteilungen/2022/ 03/PD22_088_621.html;jsessionid=B9EB8CE9194FD602EE 1EC09C486611C7.live732 (Letzter Zugriff am 13.6.2022).

9 Vgl. Charta der Vielfalt (Hrsg.): *Factbook Diversity. Positionen, Zahlen, Argumente.* https://www.charta-der-vielfalt.de/fileadmin/user_up load/Diversity-Tag/2022/Deutscher_Diversity-Tag_2022/Fact book_2022.pdf (Letzter Zugriff am 13.6.2022), S. 14.

10 Küpper, Beate, Ulrich Klocke und Lena-Carlotta Hoffmann: *Einstellung gegenüber lesbischen, schwulen und bisexuellen Menschen in Deutschland. Ergebnisse einer bevölkerungsrepräsentativen Umfrage.* https://www.antidiskriminierungsstelle.de/SharedDocs/down loads/DE/publikationen/Umfragen/umfrage_einstellungen_geg_ lesb_schwulen_und_bisex_menschen_de.pdf?__blob=publica tionFile&v=4 (Letzter Zugriff am 13.6.2022), S. 67.

11 https://www.bundespraesident.de/SharedDocs/Reden/DE/Christian-Wulff/Reden/2010/10/20101003_Rede.html (Letzter Zugriff am 13.6.2022).

12 Pickel, Gert: *Weltanschauliche Vielfalt und Demokratie. Wie sich religiöse Pluralität auf die politische Kultur auswirkt. Hrsg. Bertelsmann Stiftung, 2019. Religionsmonitor – Weltanschauliche Vielfalt und Demokratie.* Bertelsmann Stiftung, 2019. https://www.bertelsmann-stiftung.de/file admin/files/BSt/Publikationen/GrauePublikationen/Religionsmo nitor_Vielfalt_und_Demokratie_7_2019.pdf (Letzter Zugriff am 13.6.2022). S. 12.

13 Vgl. Knaus, Gerald: *Welche Grenzen brauchen wir? Zwischen Empathie und Angst – Flucht, Migration und die Zukunft von Asyl.* Piper, München 2020. S.201.

14 https://www.bamf.de/SharedDocs/Anlagen/DE/Forschung/Wor kingPapers/wp27-grunddaten.pdf?__blob=publicationFile&v=13 (Letzter Zugriff am 13.6.2022) S. 49

15 https://www.bmwk.de/Redaktion/DE/Downloads/ P-R/28012022-rede-habeck-plenarsitzung-des-deutschen-bun destages.pdf?__blob=publicationFile&v=4 (Letzter Zugriff am 13.6.2022), S. 2

16 https://www.zeit.de/gesellschaft/zeitgeschehen/2021-07/syrien-zuwanderer-flucht-arbeit-arbeitsmarkt-hartz-iv-quote?wt_ zmc=sm.ext.zonaudev.mail.ref.zeitde.share.link.x (Letzter Zugriff am 13.6.2022).

17 »Mehr Fortschritt wagen. Bündnis für Freiheit, Gerechtigkeit und Nachhaltigkeit. Koalitionsvertrag zwischen SPD, Bündnis 90/Die

Grünen und FDP«. https://www.bundesregierung.de/resource/blob/974430/1990812/04221173eef9a6720059cc353d759a2b/2021-12-10-koav2021-data.pdf?download=1 (Letzter Zugriff am 14.6.2022), S. 139.

18 Vgl. https://taz.de/Laschets-Afghanistan-Aeusserung/!5789611/ (Letzter Zugriff am 13.6.2022).

19 Vgl. https://www.spiegel.de/politik/deutschland/seehofer-69-abschiebungen-zum-69-geburtstag-a-1217747.html (Letzter Zugriff am 13.6.2022).

20 https://www.auswaertiges-amt.de/de/newsroom/baerbock-vnga-ukraine/2514746 (Letzter Zugriff am 13.6.2022)

21 Dr. Karamba Diaby, Facebook-Seite Post vom 1.3.2022: https://de-de.facebook.com/DrKarambaDiaby/. (Letzter Zugriff am 13.6.2022).

22 https://uebermedien.de/69002/von-kriegsopfern-erster-und-zweiter-klasse/ (Letzter Zugriff am 13.6.2022)

23 Neue Zürcher Zeitung »Willkommenskultur – aber richtig!« https://www.nzz.ch/meinung/fluechtlinge-aus-der-ukraine-zeit-fuer-eine-neue-willkommenskultur-ld.1672134?mktcid=smsh&mktcval=E-mail (Letzter Zugriff am 13.6.2022).

24 Sendung »hart aber fair« vom 28.2.2022: https://www1.wdr.de/daserste/hartaberfair/sendungen/triumph-der-gewalt-wie-hilflos-ist-der-westen-gegen-putin-100.html (Letzter Zugriff am 14.6.2022)

25 https://www.sueddeutsche.de/projekte/artikel/politik/bundestag-diese-abgeordneten-fehlen-e291979/ (Letzter Zugriff am 13.6.2022).

26 »Mehr Fortschritt wagen. Bündnis für Freiheit, Gerechtigkeit und Nachhaltigkeit. Koalitionsvertrag zwischen SPD, Bündnis 90/Die Grünen und FDP«. https://www.bundesregierung.de/resource/blob/974430/1990812/04221173eef9a6720059cc353d759a2b/2021-12-10-koav2021-data.pdf?download=1 (Letzter Zugriff am 14.6.2022), S. 9

27 Definition nach der »Charta der Vielfalt«, einem Verein, der sich für ein vorurteilsfreies Arbeitsumfeld einsetzt. https://www.charta-der-vielfalt.de/glossar/D/#Diversity-Management (Letzter Zugriff am 14.6.2022).

28 Hucke, Veronika: *Mit Vielfalt und Fairness zum Erfolg. Praxishandbuch für Diversity und Inclusion im Unternehmen.* Springer Gabler, Wiesbaden 2017. S. 112.

29 Neue deutsche Medienmacher*innen e.V. *Diversity Guide der Neuen deutschen Medienmacher*innen. Handbuch für professionellen Journalismus im Einwanderungsland.* 2021. S. 11

30 Vgl. Schönauer, Mats und Moritz Tschermak: *Ohne Rücksicht auf Verluste. Wie BILD mit Angst und Hass die Gesellschaft spaltet.* Kiepenheuer & Witsch, Köln 2021. S. 104.

31 Beispielsweise hier: https://www.tagesspiegel.de/politik/boris-palmer-kritisiert-deutsche-bahn-der-shitstorm-wird-nicht-vermeidbar-sein/24245510.html (Letzter Zugriff am 14.6.2022) und hier: https://www.facebook.com/ob.boris.palmer

32 Beispielsweise im Zusammenschnitt hier: https://youtu.be/eTT 5G86occU (Letzter Zugriff am 14.6.2022) oder hier: https://www.br.de/nachrichten/kultur/elke-heidenreich-shitstorm-wegen-auftritt-bei-markus-lanz,Slirv2s (Letzter Zugriff am 14.6.2022).

33 https://www.ufa.de/karriere/arbeiten-bei-der-ufa/ufa-erstes-deutsches-unterhaltungsunternehmen-mit-diversitaets-selbstverpflichtung (Letzter Zugriff am 14.6.2022).

34 »Frauen sind fast unsichtbar« DIE ZEIT Nr. 33/2020

35 https://www.destatis.de/DE/Themen/Gesellschaft-Umwelt/Bevoelkerung/Migration-Integration/Glossar/migrationshintergrund.html (Letzter Zugriff am 14.6.2022).

36 Vgl. https://www.zeit.de/gesellschaft/zeitgeschehen/2020-07/polizei-stuttgart-struktureller-rassismus-stammbaum-recherche-krawallnacht-taeter (Letzter Zugriff am 14.6.2022)-

37 Dr. Karim Fereidooni LinkedIN-Post April 2022.

38 Ogette, Tupoka: *exit RACISM. rassismuskritisch denken lernen*. Unrast, Münster 2020. S. 21.

39 Förster, Jens: *Schublade auf, Schublade zu. Die verheerende Macht der Vorurteile*. Droemer, München 2020. S. 21.

40 Ebenda, S. 36.

41 Park, Bernadette; Rothbart, Myron (1982). »Wahrnehmung von Fremdgruppenhomogenität und Grad der sozialen Kategorisierung«. Zeitschrift für Persönlichkeits- und Sozialpsychologie. 42 (6): 1051–1068.

42 Banaji, Mahzarin und Anthony G. Greenwald: *Vor-Urteile. Wie unser Verhalten unbewusst gesteuert wird und was wir dagegen tun können*. dtv, München 2015. S. 153.

43 Beispielsweise hier: https://www.jetzt.de/politik/england-psychi sche-gesundheit-wird-in-schulen-gelehrt (Letzter Zugriff am 13.6.2022).

44 Roig, Emilia: *Why we matter. Das Ende der Unterdrückung*. Aufbau, Berlin 2021. S. 320.

45 Ogette, Tupoka: *Und jetzt du. Rassismuskritisch leben*. Penguin, München 2022. S. 97.

46 Adichie, Chimamanda Ngozi: *Liebe Ijalwele …* S. Fischer, Frankfurt 2020. S. 20

47 Vgl. Croft, Alyssa, Toni Schmader, Katharina Block und Andrew Scott Baron: »The Second Shift Reflected in the Second Generation: Do Parents' Gender Roles at Home Predict Children's Aspirations?«. Psychological Science 25 (7), 2014. https://doi.org/ 10.1177/0956797614533968 (Letzter Zugriff am 13.6.2022).